高校野球監督論

前田三夫×小倉全由

前田三夫×小倉全由

おぐら・まさよし
1957年、千葉県生まれ。日大三卒業後、日本大に進学。高校では内野手の控えとして甲子園を目指すも、最後の夏は5回戦で敗退。大学在学中に日大三のコーチに就任し、79年に夏の選手権大会に出場。81年、関東一の監督に就任。85年夏の選手権大会でベスト8、87年春のセンバツでは準優勝に導く。88年に退くも92年に復帰、94年夏に再び甲子園へ導いた。97年、母校の監督に就任。2001年夏に全国制覇。10年春のセンバツでは自身2度目の準優勝、11年夏には同じく2度目の優勝を果たした。23年3月に監督を勇退。

まえだ・みつお
1949年、千葉県生まれ。木更津中央（現・木更津総合）卒業後、帝京大に進学。高校時代は三塁手として活躍するも甲子園の出場経験はなし。大学時代は4年の秋に一塁ベースコーチとしてグラウンドに立っただけで選手としては公式戦出場なし。72年、卒業後に帝京野球部監督に就任。78年、第50回センバツで甲子園初出場を果たし、以降、甲子園に春14回、夏12回出場。うち優勝は夏2回、春1回。準優勝は春2回。21年8月に監督を勇退、現在は名誉監督としてチームを支える。

はじめに

帝京高校硬式野球部の監督として、50年にわたり高校野球の世界に身を置いてきた私だが２０２１年８月にユニフォームを脱いだ。これだけ長い間、野球漬けで生きてきた私を許してくれた妻や家族には本当に感謝している。

今でも忘れられない思い出がある。帝京野球部の監督に就任した初日、選手たちを前に私はこう宣言した。

「甲子園出場を目指し、その先の全国優勝も果たそうじゃないか」

すると選手たちから高らかな笑い声が上がった。

「本気で言っているんですか？　そんなの無理でしょう」

そう言い切る者もいた。帝京はそれまで一度も甲子園出場の経験がなかった。当時の帝京野球部は甲子園出場を目指すというよりも、元気がありあまった腕白《わんぱく》な生徒が野球部に籍を置いて活動しているような状況だった。

けれども私は彼らの言葉に悲観することはなかった。

「どうにか野球部を強くして、全国制覇を成し遂げたい」

その一心で日々の練習に取り組んできた。その結果、監督就任から6年後、1978年の春にセンバツ出場、その2年後の80年のセンバツで準優勝、さらに9年後の89年の夏に夢にまで見た全国制覇を果たした。無名の弱小高校が、高校野球の頂点に立った瞬間だった。

それからは順風満帆……とはならず、絶えず選手の指導方針で頭を悩ませてきた。すべては選手たちに甲子園で勝つことの喜びと素晴らしさを知ってほしいという一念ではあったが、彼らとの意思疎通がうまくいかず、ときには衝突したこともあった。けれども、この苦しみ悩んだ日々が、高校野球の監督としての私を向上させてきたことに間違いはない。

そうしたとき、関東一、日大三で監督を務められ、2023年3月限りで退任された小倉全由さんとの対談の話をいただいた。長らく私が向き合ってきた高校野球において、さまざまな経験を積み重ねてきたことを、多くの高校野球ファンに知っていただけたらと思い、多岐にわたるテーマでお話をさせていただいた。

私と小倉さんの対話が、多くの指導者にとって何かのヒントになれば幸いに思う。

帝京高等学校　硬式野球部　名誉監督　前田三夫

［写真］
小嶋晋介
スポーツニッポン新聞社（カバー、前田三夫・ユニフォーム）
毎日新聞社（カバー、小倉全由・ユニフォーム）
P. 52の写真は編集部撮影

［デザイン］
金井久幸＋川添和香（TwoThree）

［企画・構成］
小山宣宏

［校正］
谷田和夫

［編集］
谷水輝久（双葉社）

第1章

二人の「高校野球監督」、ここに誕生する

挫折を味わった学生時代——そして監督になる

帝京高等学校硬式野球部の監督として一時代を築いた前田三夫と、同じく日本大学第三高等学校の監督として伝統を受け継いできた小倉全由。全国に「強打の東京」をイメージづけたのは、二人の功績によるところが大きい。第1章では、二人が監督に就任するまでの間、高校時代と大学時代、そして監督に就任するまでについて、あますことなく語ってもらった。

両親の姿が野球をやめようとした私を踏みとどまらせてくれた

小倉　前田先生とこうしてお話をさせていただくようになってから、私との共通点が多いことに気がつきました。千葉県出身であるということ、三男坊であること、ご実家が農業をおやりになっていたということ、生え抜きではない、出身高校ではない学校の監督を務めていたということ……。私は母校の監督をしていた期間（1997年4月～2023年3月）が長かったんですが、関東一で監督をさせていただいた間は、外様でしたからね。

前田　私は地元の袖ケ浦から高校の進学先を考えたときに、習志野に行きたかったんです。けれども当時は今のように鉄道網が発達していなかったので、習志野に進むとなると学校の近くで下宿しなければならない。

同時に考えていたのが、1963年に開校したばかりの木更津中央（現・木更津総合）だったんです。私が中学3年生のときは、まだ創立して2年目の学校でしたが、当時の校長だった真板益夫さんが、野球部の活動にも力を入れて甲子園を目指していると言っていた。そこで創立して間もない新設校で勝負してみようと思って、65年4月に3期生として入学したんだ。

当時、千葉の夏の代表を決める予選は、茨城県と同じ東関東代表に組み込まれていて、1次予選となる千葉で準決勝を勝ち抜いた2校が、同じく茨城県で準決勝まで勝ち抜いた2校と2次予選を戦って、そこで2試合に勝利した学校が東関東代表として甲子園に出場していた。つまり、千葉だけではなく、茨城の学校とも戦って勝たなければ夏の甲子園大会出場は果たせなかったというわけですね。

私の3年生の最後の夏の予選は、「7番・一塁」で出場して、準決勝まで進出したんです。

「あと一つ勝てば、東関東ブロックの2次予選に進出する」、そう思って臨んだ成東との試合だったんだけれども1対3で敗れてしまい、甲子園出場の夢は潰《つい》えてしまった。

このとき7回裏に木更津中央が取った1点は、ワンアウト三塁という場面で私がスクイズを決めて取ったんだけれども、そのシーンは当時の新聞にも掲載されてね。

小倉　当時の成東にはどんな選手がいたんですか？

前田　のちに早稲田大学、阪神（タイガース）へと進んだ中村勝広（71年ドラフト2位。2015年9月死去）がいてね。木更津中央との試合では「3番・ショート」で出場していた。すごい打者というよりうまい打者という印象が強くて、そのうえ守備範囲も広くて華麗だったよ。

「こういう選手がこの先、順調に伸びていけばプロに進むんだろうな」とは思っていたんだけれども、阪神での活躍を見ていたら、同級生が活躍していることがうれしかったのと同時に、このときの試合のことを思い出すこともありましたよ。

小倉　昔も今も、千葉はいい選手が多いですよね。

前田　なんと言っても千葉と言えば、私の学生時代のヒーロー、巨人（読売ジャイアンツ）の長嶋茂雄さん（佐倉一〔現・佐倉〕－立教大－巨人・1958年）でしたよ。長嶋さんのような多くの人を魅了するようなプレーができるようになれば将来プロも夢じゃない――そう思っていたが、いざ帝京大学に進むと現実は甘くなかった。
当時の帝京大学は野球部ができて3年目を迎えていたけれども、全国から集まった優秀な選手たちのノックでのグラブさばきや打撃練習での力強い打球を見て、「これは私のような二流の選手が来るところじゃないな」と思って自分自身に失望したんです。

小倉　私は大学では野球をやっていませんでしたが、当時の帝京大学はそんなにレベルが高かったんですか？

前田　当時は野球部の強化に力を入れ出した頃でした。今のようにインターネットで大学野球部の情報を得られるような時代じゃなかったから、なんとなく「高校でレギュラーとしてそれなりにやれていたから、大学も同じようにできるだろう」という気になっていたわけですね。そんな考えが甘かった……。レギュラークラスの選手は本当にレベルが高かった。

小倉　たしかに入ってみなければわからないことってありますよね。とくに当時は、大学野球部に関する詳しい情報なんて、身近に進んだ人がいたら知ることができる程度のことしか入手できませんでしたから。

前田　入部して以降、レギュラー、あるいはベンチに入るくらいの力がある部員はグラウンドでノックを受けたり、フリーバッティングの時間を多めにとって打ち続けることができたりするんだけど、僕はノックを受けられなければ、フリーバッティングになるともっぱら打撃投手ばかりでしたよ。

　来る日も来る日もバッターの打ちやすいボールばかり投げては、裏方の雑用ばかりをやらされる日々……。レギュラーと補欠の差というのをまざまざと感じさせられて、本当にみじめな気持ちだった。私が思い描いていたイメージとはまったく違う野球人生になってしまったから、私は大学2年のときに「野球をやめて、地元の役場にでも勤めたいと思っている」ということを両親に伝えようとして実家に帰ったことがあったんですね。

小倉　その時点で退部する決意をされていたんですね。時期はいつ頃だったんですか？

前田　そのときちょうど5月か6月くらいだったかな。田植えの時期でね。両親が泥だらけになって一生懸命に苗を植えている姿を見て、なぜ大学に進学できたのかをあらためて考えてみたんです。小倉さんが言った通り、私は3人兄弟の三男だったんだけれども、上2人の兄が大学進学を諦めて就職したので、私も高校を出たら就職しようと考えていた。けれども「お前は大学に行って好きなことをやれよ」と言って帝京大学への進学を勧めてくれた。

　それには、もちろん両親の支援もあった。帰省したときに両親が泥だらけになって懸命に働いている姿を見て、「厳しい経済状況のなか、自分を大学に行かせてくれたんだな」ということをあらためて思い出した。そうして、「俺も頑張らないといけないな」と、大学をやめようとした気持ちを踏みとどまらせてくれたんです。

小倉　親が頑張っている姿を見て、自分も落ち込んでいられないという心境になられたんですね。

前田　そのとき親父からは、「今日は野球部の練習はどうしたんだ？　休みか？」と言われたんだけど、そのあとに、「お母さんの作った料理でも食べてゆっくりしていけよ」と温かい言葉をかけてもらった。「たまたまこっちで試合があったから、ちょっと立ち寄っただけだよ」と言って、なんとか言葉を濁して、その日のうちに「じゃあ合宿所に戻るよ」と言って実家をあとにしたんです。

小倉　前田先生のご両親は何か感じるものがあったんでしょうね。

前田　実家に戻ってきたときに、私はおそらく落ち込んだ表情をしていただろうから、そうかもしれないですね。でも私自身が「両親を悲しませるようなことをしちゃいけない」と考え直したから、家から出ていくときには、なんとなく「大丈夫だろう」と思ってくれていたんじゃないのかなと思っているんだけれどもね。

コーチャーズボックスから野球を学ぶ

小倉　大学で自分の技術不足を感じられたとき、前田先生はどうやって野球部でのポジションを見つけようとしたんですか？

前田　選手としては能力がないと自分自身を見限ったとき、「このチーム内で自分にしかできないことが何かないだろうか」と、あれこれ思案してみたんです。すると、一塁と三塁のコーチャーズボックスがあいていることに気がついた。というよりも、誰も興味を示そうとしていなかったんです。私は内心、「これだ！」って叫んだね。

当時のコーチャーズボックスといえば、控えの選手が入る場所、という認識しかなかった。けれども、当然一つひとつのプレーにおける判断力やベンチからの作戦を的確に伝えるための指示能力が求められる。まだコーチャーズボックスの専門性などあまり求められていない時代だったから、「技術を磨く以外の、頭を使う部分の野球をもっと勉強しよう」と腹をくくって、「ここが俺のレギュラーポジションだ」と決めたんです。

小倉　昭和40年代の大学野球で、「コーチャーズボックスをレギュラーポジションだ」なんて考えたのは、前田先生以外にほとんどいなかったかもしれませんね。でもコーチャーズボックスに入れるということは、プレーヤーとしてではなくても、公式戦のユニフォームは着られるということですよね？

前田　そうなんですよ。実はその点も非常に大きかった。「試合に出場してプレーするようなレギュラーではないけれど、コーチャーとして公式戦のユニフォームを着られる」ということは、私にとって大きな勲章だと思っていた。だから野球の技術以上にノックなどの裏方で必要な技術や作戦面について、とにかく勉強しましたね。

たとえばワンアウトランナー一塁の場面で、ヒットエンドランを仕掛けるとしたらどのボールカウントがいいのか、相手バッテリーの配球はどういった傾向が考えられるのか、打席の選手はバットに当てて転がすのがうまいのかどうか、風向きや太陽の位置はどこにあるのかなど、とことん野球を勉強した。

野球にはセオリー、つまり基本というものがある。それを知ったうえで、セオリーに反した作戦ということだって可能になる。どういった場面でセオリーに反した作戦が可能なのかということも、その日の試合の得点差や、相手チームの力量なども把握したうえで、学んでいきました。

そうして研究していくと、あるとき面白いことに気がついた。大学レベルでも弱いチームだと、無謀な作戦を敷いて失敗することが多いんですね。「こんな場面でヒットエンドランをするなんていくら何でも無茶苦茶だろう」「いやいや、単独スチールを仕掛ける場面じゃないだろう」などと思ったものだけど、これはそのチームの監督やコーチを含めたベンチワークが甘い、つまり野球の勉強をしていないってことを意味するんです。

私は、選手時代には技術の追求ばかりしていたけれど、作戦面について一から勉強したのはこのときが最初だった。その結果、私にとっては得るものばかりだったということに気がついたんです。

小倉　前田先生の監督としての基礎は、大学でつくられたというわけですね。

前田　そういうことになりますね。私が一塁のコーチャーズボックスに入ったのは大学4年生のときだったけど、いいタイミングで気がついたし、みながコーチャーズボックスに入るのは「控えの選手のポジションだから」って距離を置いていたということもある。そうした複合的な要因があったにせよ、私自身の選択は正解だったと今でも思っているんです。

小倉　たしかに当時は、積極的にコーチャーをやろうとする選手は少なかったのかもしれませんね。

「レギュラー選手は何をやってもいい」という考えは間違い

前田　私は練習のとき以外、合宿所生活も含めた生活全般のなかで選手の一挙手一投足をつぶさに観察していた。するとレギュラーのいいところ、悪いところが見えるようになってくるんです。野球の技術が優れているのは当然だとしても、悪いところは「レギュラーなら何をやってもいい」と思っているところ。つまりグラウンドでも合宿所でも天狗《てんぐ》になっている選手がいることに気づいた。でもそんなことではいけない。補欠の選手の気持ちを考えたら、レギュラーだからといって好き勝手にふるまって、大手を振って歩いていいわけがない。

私は4年生のときに、同学年でレギュラーだった選手たちに、「もっと謙虚でいないとダメだ」と注意をしたし、そのことで「なんだ、あいつは。急に偉そうに」と思われていたかもしれない。でも私はそう思われてもいいと思った。野球を通して人間性を磨かなくてはならないし、そのためにはレギュラーだろうと、補欠だろうと、みな同じ気持ちでいなければならないはずです。

ここではたしかにレギュラーではあるけれども、仮に社会人野球やプロ野球に進んでも同じようにレギュラーになれるなどという保証はない。だったら大学のうちから謙虚さというものを身につけたほうがいい。私の苦言に対して疎ましく思われたとしても、「彼の将来のためにも今言っておくべきだ」という気持ちのほうが強かったんですね。

小倉　前田先生がそうしたことに気づき、きちんと注意できるというのは、すでに指導者としての適性があったということなんでしょう。

前田　そうして大学4年生の秋、「帝京高校の監督をやってくれないか」と学校側から要請があった。正直迷いましたよ。なぜなら当時の帝京の選手たちは元気がよかったから……。こう言うとはつらつとしているんじゃないかと思われる人もいるかもしれないけれども、実際は「やんちゃ」という意味での元気さだったね（笑）。
最終的には、引き受けることになったんだけれども、大学4年のときにファーストコーチャーとして野球をあらゆる角度から勉強したことが、のちに監督として大いに役に立ったことは間違いないですね。

1年365日、まさに野球漬けだった

前田　小倉さんは大学では野球をやらなかったの？

小倉　私は三高を卒業してから系列の日本大学に進学したんですが、大学でプレーすることはまったく考えていなかったんです。

その理由の一つとして、（高校）1年生のときにノックで打球に飛び込んだ際に、左肩を脱臼《だっきゅう》してしまって……。すぐに病院に行って外れた肩を入れてもらったんですが、翌日からはまた通常通りに練習に参加しました。当時は体のどこかが「痛い」なんて言おうものなら、監督から試合で使ってもらえませんでしたから、どんなに痛くてもそうした素振りを見せなかったんです。

でも脱臼が完治しないままプレーしていたことで、脱臼癖がついてしまって、2年生にな

ってもよくならないわ、そうこうしているうちに、背中を含めた他の箇所にも痛みが出てくるわで、もう万全の状態でプレーできなくなってしまったんですね。自分はサードを守っていたんですが、3年生に上がる頃には送球が塁間まで届かなくなってしまったんです。そういうこともあって、最後の夏はベンチ入りしたものの、おもに代打で出るような選手で終わってしまいました。

前田　ケガがあるとつらいね。私も高校1年生のときに、ノックの打球が顔に当たって、前歯が2本折れてしまったんだ。このときはノックを中座してみんなが駆け寄って心配してくれたんだけれど、私は内心、「ああ、これでゆっくり休める」って安堵したのを今でもよく覚えてますよ（笑）。

小倉　それにもう一つ理由があって、3年生のときには背番号13をつけた控え選手だったんですが、高校時代はとにかく監督に振り回されたという思い出しかなくて、高校を卒業する頃には野球に対してどこか熱くなれていなかったんです。

自分たちの高校時代は1年365日、野球漬けでした。暮れの12月28日から年明けの1月7日まで静岡県伊東市の伊東スタジアムでキャンプを張っていたんです。あの長嶋さんが巨人の監督時代の1979年に若手の有望選手に猛練習を課したと言われる「地獄の伊東キャンプ」と同じグラウンドです。それが終わって調布の合宿所に戻ってくると、翌日が始業式で学校が始まる。ですから私は野球部に在籍していたときは休んだ記憶がないんですね。

前田　私たちの時代はそれが当たり前だったよね。私たちは大みそかと元旦だけは休みでした。1年365日のうち、363日は野球をしていたことになる。たとえ雨が降ってグラウンドが使えなくなっても、グラウンドの隅っこで何かしらの練習をしていたからね。

小倉　それでいて野球がうまくなるような練習をしているとは思えなかったんです。ただ長い時間走らされる。ただ長い時間ノックを受ける。ただ長い時間打撃練習を行う。ただ「長い時間」練習をするだけで、野球の技術が身についたという実感はありませんでした。監督は「俺たちは日本一、長い練習をしているんだ」と豪語していましたが、内心「だからなんなんだよ」とみなが監督に反発していました。

前田　当時の野球部はどこも小倉さんの言うような感じだったんじゃないかな。試合に負ければ学校のグラウンドに戻って練習する。練習が終わると先輩たちから叱られる。ある種のマインドコントロールだよね。「ここまで練習をすれば勝てるんだ」と思って練習をする。先輩からのしごきだって、「これを乗り越えたら俺たちは強くなるんだ」という一心で懸命に頑張っていた。それだけに最後の夏に負けて甲子園出場の夢が潰えてしまうと、落胆が大きかった。

小倉　自分たちの甲子園に対する思い入れは、野球部に入ってからどんどん薄らいでしまったように思います。毎日の練習でクタクタになって、「絶対に甲子園に出るんだ」とは思えなかったんです。「甲子園に行けたら行こう」だった。どこか「それでもいいかな」と考えている自分もいたんですね。

それを象徴する一例として、私がいたときの三高は、逆転勝ちが少なかったんです。先制したらそのまま逃げ切るというパターンで、相手に先制されたら、「よし、逆転してやろう」という気持ちが足りなかった。「もういいや」と勝負を投げて、そのまま負けてしまうというのが当時の三高が負けるパターンでした。

前田　逆転勝ちがないというのは、諦めが早かったということだし、それでは東京を勝ち抜くことはできないよね。

野球をやる気にさせなかった高校の監督

小倉　ほかにもこんなこともありました。ある日の練習で監督がノックしていたんですが、立て続けに内野が捕球ミス、送球ミスをしてしまったんです。それに監督が腹を立てて怒り出し、「もうお前らにはノックなんてしない！」と言い出して、監督室に帰ってしまった。私は副キャプテンを務めていましたから、キャプテンと一緒に監督室に謝りに行きました。

けれども監督は「いや、お前たちにはもうノックなんてしない」と頑《かたく》なに言い張って許してくれない。そうこうして時間が過ぎていくうちに、「もういいよ、キャプテン。謝らなくていいよ」という大きな声が外から聞こえてきたんです。

「もうやめようぜ、こんな練習。あんなのにつき合ってられないよ」

「あんな気まぐれ起こして、よく監督なんかやってられるな」

などと、みなの不平不満の声が爆発した。その声を聞いた監督が再び怒り出して、

「もういい！　お前らの好きにしろ！」

と言って、あろうことか監督が自転車に乗ってグラウンドから帰ってしまったんです。これには全員が唖然としてしまいましたね……。

前田　そんなことじゃ、チームが一つにまとまらないですね。

小倉　とてもじゃありませんが、チーム一丸となって「甲子園を目指そう」なんて雰囲気になれませんでした。自分たちが3年生のとき（75年）には、夏の東東京予選の5回戦で城西に4対5で敗れたんですが、悔し涙一つ流さずに、「これでやっと高校野球が終わった」という気持ちのほうが強かったですね。

前田　それはまたたいへんな経験をされて。当時の高校野球の監督はそういう人が多かったんじゃないかな。

小倉　そうだと思います。「こうすれば選手がやる気になる」なんてノウハウ、指導なんてまったくありませんでしたし、野球の技術の向上にしたって、ひたすら打たせる、あるいはノックの雨を浴びせ続ける。長時間、練習させることが美徳とされていた時代でしたよね。

前田　とくに日大三は71年の春に甲子園でも優勝していたし、38年に甲子園に初出場して以降は常連校になっていたわけだから、「厳しい練習は当たり前」という土壌はそれ以前からもうあったかもしれないですね。

小倉　間違いなくそうだと思います。結果的にそれで「野球はもういい。大学に進んだら思いきり遊ぼう」と思って、同級生の仲間にもそう伝えていました。その結果、系列の日本大学に進学したんですが、一般の学生として平凡な大学生活を謳歌《おうか》しようとしか考えていませんでした。

青天の霹靂だったコーチ就任の要請

前田　それがある日突然、コーチになった。

小倉　まさに青天の霹靂《へきれき》でした。自分の高校時代、三高のコーチをしていた小枝守さん（元・拓大紅陵〔千葉〕監督、2019年1月死去）から大学1年生のときに、

「大学で野球をやらないんだったら、三高野球部のコーチを手伝ってくれないか？」と誘われたんです。小枝さんは私が大学1年生になったときの1976年秋の新チームから監督に就任することが決まっていたんですが、「どうして自分に『手伝ってくれ』なんて言ってくれたんだろう？」と頭のなかが疑問符だらけだったんです。

前田　小枝さん自身は、小倉さんが高校時代から指導者として素養があると評価してくれていたのかな？

小倉　実は私の兄が千葉の茂原農業（現・茂原樟陽。2006年に茂原工業と統合）から日本大学に進んで野球をやっていたんですが、同じ学年に小枝さんがいたんです。小枝さんは三高の出身で高校時代はおもにサードとセカンドを守って、1968年の春、3年生のときにはセンバツでは控えながらベンチ入りして、キャプテンを務めていました。

日大に進学してからは、2年のときに肩を痛めて選手を断念しましたが、三高のコーチとして指導者になられて、70年から72年、74年と、4度の春のセンバツに出場して、71年は優勝、72年は準優勝を経験されていたんですね。

前田　71年の春のセンバツ優勝のときは、小枝さんはコーチとして日大三にいたんですか。

小倉　それともう一つ、大きな変化があったのは、「三高の校舎と野球部の合宿所が移転すること」でした。

前田 そうか、小倉さんが卒業した翌年から、日大三は夏の予選で東東京から西東京のブロックに移ったんだ。

小倉 そうなんです。私たちが高校3年生のときには赤坂（港区）に校舎があったのが、翌76年から現在の町田市に移ることが決まっていましたし、野球部の合宿所も調布から校舎と同じ町田に移ることが決まっていたんです。

ただ、町田といっても山を切り開いたところに校舎と合宿所があったので、町田駅にしても、多摩センター駅に出るにしても、当時はバスの便も今ほど多くなかったのでたいへん不便だった。「どうして大学生にもなって、こんな辺ぴな合宿所に寝泊まりしなくちゃいけないんだろう？」と思っていました。

私は経済学部だったので、大学の校舎が水道橋駅の近く（千代田区）にありました。水道橋から新宿、新宿から町田に出てバスに乗って合宿所に行く。これだけグチグチ言っているんだから、野球の練習なんてまともに出ていなかったんじゃないかと思われたかもしれませんが、練習の時間には遅刻しませんでした。そこは野球バカの血がそうさせていたのかもしれません。

前田 練習はちゃんと出てたんですね。たしかに大学のキャンパスから合宿所に行くまでは乗り換えも多いし、電車に乗ってる時間も長い……。

小倉　しかも当時は指導者になろうなんてこれっぽっちも考えていませんでしたから、まさに体を張った指導でした。「情熱があった」と言えば聞こえはいいかもしれませんが、逆にそれしか自分にはありませんでした。

当時、大ヒットしていた映画『仁義なき戦い』シリーズを観たあとに、グラウンドでノックをしたこともありました。そのときは主役の菅原文太さんになりきって、「われ、そんなノックも捕れんようじゃ、東京では勝てへんぞ！」と、ついさっき聞いたばかりの広島弁のセリフを口にしながらノッカーを務めていましたね。

前田　選手からしたら困ったものだな（笑）。

小倉　本当にお恥ずかしいんですが、当時はそんな感じでした。ただ、小枝さん、それに当時の野球部長が「君は指導者に向いているよ」と言ってくれていたんです。自分自身ではそんなことはまったく気づいていませんでしたし、「本当かな？」と思うくらいで、指導者に向いているかどうかなんて、あまり深くは考えていませんでした。

前田　小倉さんも私と同じで、やっぱり指導者になるきっかけがあったんですね。小枝さんという人の縁に恵まれて、指導者の道を歩み始めようとしていた。そういう意味では、他人から見た自分に対する客観的な評価というのは、正しいのかもしれないですね。

負けたらOB会長の自宅で正座

小倉　小枝さんとは密に話し合いながら、選手をどう指導していくかを決めてはいたものの、思うように成果が上げられませんでした。小枝さんが監督に就任して以降、西東京予選では、76年、77年と2年連続して準々決勝で敗退……。

78年は4回戦で都立立川に1対2で敗れたんです。このときの相手の投手は、その翌年に巨人にドラフト外で入団した松本基淳投手。ストレートとカーブがキレキレでいい投手でした。でも三高のOB会長はそんなことは関係ありません。負けたあと、会長の自宅に呼ばれて小枝さんと一緒に正座しながら説教されて……。一つひとつの言葉が頭に入ってこないどころか、「こんなこと言われるくらいなら、コーチなんて引き受けるんじゃなかった」と後悔したこともありました。

前田　当時の帝京は日大三と違って、私が監督に就任するまで甲子園とはまったく縁のない学校だった。だから伝統やら口うるさいOB会長など何もなかった。小倉さんの話を聞いていて、肩身の狭くなるような思いをすることがなかったのは救いだったなと思いますよ。

小倉　私たちの場合は、OBが「小枝を監督として育てていこう」と言いながら、毎日のようにグラウンドに足を運んで口出しをする方もいました。そのうえ選手に指導まで し始める。小枝さんや私が選手に教えても、ＯＢのほうが年上ですから、選手たちは「はい、はい」とＯＢの顔色を見てしまう。「自分は何のためにいるコーチなんだろう」と、疑問に思っていました。

前田　ＯＢの力が強いと選手はもとより、現場の指導者が一番混乱してしまう。それまで教えていたことと真逆のことをＯＢに言われたら、たとえ「違う」と思っても反論できないこともある。

私が見る限り、古豪と呼ばれる学校のＯＢほど、監督よりも権力が強くて、現場の指導に介入したがる。どことは言わないけれども、私はそうした学校を数多く見てきた。チームの低迷の原因が自分たちＯＢにあるなんて、これっぽっちも思っていないんだろうね。

コーチとして初の甲子園出場……そして突然の解任

小倉　そうして私たちの指導が実を結んだのが、79年の夏でした。このときはノーシードで1回戦から出場したんですが、日野、調布北、桜美林、立川、実践商業（現・実践学園）、小金井工業と破って決勝に進出。最後は国学院久我山に4対2で勝って、17年ぶり6度目の甲子園出場を決めました。

前田 日大三がそんなに夏の甲子園に出ていない時期があったんだね。

小倉 そうなんです。その前に出場した62年と言えば、倍賞明さん（日本大－全鐘紡－日産自動車。２０１９年1月死去。姉に女優の倍賞千恵子、妹に同じく美津子がいる）が一塁手として、甲子園で春が準優勝、夏はベスト8まで勝ち進んだ年です。

前田 １９６2年は作新学院（栃木）が八木沢（荘六。早稲田大－東京オリオンズ〔のちの千葉ロッテマリーンズ〕・66年第2次ドラフト1位）投手らで史上初めて春夏連覇した年だね。

小倉 おっしゃる通りです。79年の夏に甲子園に出場したとき、私は大学4年生でしたが、野球部長から「三高のコーチとしてやっていけばいいじゃないか」と後押しされて、ここに残ろうと思っていたところでもあったんです。

実際、甲子園に足を踏み入れてみると、想像以上に素晴らしいところでした。私は外野でノックをしていたんですが、スタンドが広くてグラウンドもよく整備されている。こんなところでプレーできる選手はなんて幸せなんだろうと思いました。このときは1回戦で天理（奈良）に4対5で敗れはしましたが、「この調子が続けば初の夏の全国制覇も夢じゃない」と、OBたちからも期待されていましたし、自分もコーチとして小枝さんを支えていかないと、と思っていたんです。

そんななかで大学卒業が半年後に迫った79年秋に、突然学校から肩たたきに遭ってしまった。いわゆるリストラです。「申し訳ないけど、小枝さんとあなたを三高野球部に残せなくなった」と言われてコーチを辞めざるを得なくなってしまったんです。

前田　えっ、突然解任されたんですか……？　コーチを続けていこうと考えていたということは、就職活動もしてなかったんでしょう？　それはひどい。

小倉　そうなんです。私も「なぜだ」と割り切れない気持ちでいっぱいでした。大学1年のときから三高の合宿所にいて、大学を卒業してからもコーチとして小枝さんをサポートしようと決めていたんですから。

就職せずにここに残ったにもかかわらず、まったく報われない結末となってしまって、「俺の人生を何だと思っているんだ」と憤《いきどお》りましたが、学校が決めたことですから決定が覆ることはありません。泣く泣くその決定を受け入れて、三高をあとにすることになりました。

コーチ退任後に誘われた仕事

前田　小倉さんが日大三のコーチを辞められたのは、私が帝京で監督8年目を迎えたときですね。78年の春に甲子園に出場する機会があったけれども、東京ではまだまだ実力、知名度ともに低いという感じでしたね。

小倉さんはその後、どんな状況だったの？

小倉 小枝さんと野球部長が、私がどこかの学校でコーチを続けられないか、いろいろ聞いて回ってくれていたんです。ありがたいと思いながらも「指導者なんてもういいや」と、投げやりな気持ちにもなっていました。

そんなある日、親しくお付き合いしていた方から、「ミミズの養殖をやらないか？」って誘われたんです（笑）。

前田 ミミズの養殖⁉ なんでまたそんなことを言われたんですか？

小倉 その社長さん曰く「これから、ミミズ養殖のビジネスの時代が到来する」と。当時一部ではちょっとしたブームになっていたようで、就職のあてもなかった私は、まっ先にこの話に飛びつこうとしました。

前田 「それ、ちょっと考え直したほうがいいよ」って止めてくれるような人は、誰かいなかったの？

小倉 いました。野球を通じて親しくなった歯科医師の夫妻にその話をしたら、「そんなものやるんじゃない」って一喝されたんです。私が教職を取っているのを知っていたこともあって、「駅前のビルの一室を借りてあげるから、学習塾を開きなさい」と言っていただいたんですが、ちょっと自分が目指す方向と違うかなと思いました。

最終的にはいずれもお断わりしたんですが、世間のことをよく知らない青二才の自分の将来を考えてくださってありがたいなと感謝していたんです。

前田　軌道修正してくれてよかった（笑）。それから再び指導者の道を目指そうと思い直したんですね。

小倉　はい。大学を卒業してから実家のある九十九里に戻って、教員の採用試験を受けようと思っていたんです。それで浪人生活を送っていたんですが、その矢先に三高のOBの方や、他の野球関係者からも「関東一で指導者を探している」という話があったんです。

聞けば関東一は小枝さんを監督に、私をコーチに据えたかったようなんですが、小枝さんは「東京の高校の監督はやらない」とその話をお断りしていた。「それよりも小倉君を監督にしてみたらどうですか。彼は監督としての資質があると思いますよ」という話を関東一の関係者にしていただいたことで、私の監督就任が決まったんです。81年のことでした。

小枝さんとの出会いが、小倉監督のその後をつくった

前田　小枝さんが選んだ拓大紅陵は、調べてみたら小倉さんが関東一の監督になることが決

まった81年当時、創立4年目の学校だったんです。小枝さんはあえて「東京以外の、OBとのしがらみのない、まっさらな状態でスタートできる学校」で勝負したかったのかもしれませんね。

小倉　そう思います。東京の学校だと、三高と公式戦で対戦することもあるかもしれませんし、そこで万が一小枝さんが勝ってしまうと、三高の関係者から「裏切り者」のレッテルを貼られてしまう可能性がある。

私たちにしてみればそんなことを言われるのは心外ですが、当時は年配のOBの方々の目が厳しかったこともあり、さもありなんだったはずです。小枝さんなりに、ありとあらゆる状況を鑑みた結果、拓大紅陵を選択されたと思うんです。

前田　結果的に小枝さんは千葉で一時代を築かれた。84年の春夏、86年の春夏、88年夏、92年夏と甲子園に出場しましたね。とくに92年は複数の投手を擁して準優勝に導いた。それまでは絶対的なエースをつくって、そのあとに控え投手がいるという野球が主流だったけど、左右のオーバースローに右のアンダースローと、タイプの違った実力のある投手を用意して甲子園を勝ち抜いた。令和の今の時代の継投スタイルをつくる先鞭《せんべん》をつけた形だったと思いますよ。

80年代以降の千葉は、それまで甲子園の常連だった銚子商業や習志野、千葉商業といった学校から、八千代松陰、千葉商大付、東海大浦安、印旛（現・印旛明誠）、市立船橋と、多くの学校に甲子園出場のチャンスが巡ってくるような群雄割拠の時代に突入していた。それにもかかわらず小枝さんが率いた拓大紅陵は、10年間で春夏合わせて6回も甲子園に出場したんだから、これはもうお見事としか言いようがないですよ。

小倉　小枝さんは2014年に拓大紅陵の監督を退任されて以降は、16年からの2年間、侍ジャパンU－18の代表監督として指揮されていました。17年は三高の櫻井（周斗。横浜DeNAベイスターズ・17年ドラフト5位）や井上（大成。青山学院大学－NTT東日本）、早稲田実業の清宮（幸太郎。北海道日本ハムファイターズ・同年同1位）、履正社の安田（尚憲。ロッテ・同年同1位）と日本トップクラスの選手たちを率いた。亡くなる最後まで高校野球界に尽力してくださったことに感謝しています。

前田　小倉さんも紆余曲折があったにせよ、高校時代に小枝さんと出会えたことで指導者としての道筋をつくってもらった。こうした人の縁というのは、野球に限らず必ず大切にしなければならないですね。

小倉　そう思います。もし小枝さんがいなければ、高校で野球を終えていたでしょうし、大学ものほほんと4年間を過ごして、他の学生と同じように就職活動をして、一般企業に就職していたんじゃないかと思うんです。

そうなると関東一と三高で教えた選手たちと出会うこともなかったでしょうから、まったく違う人生を歩んでいた――若い頃は苦しいことや悔しいこともいっぱい経験しましたけど、それが糧となって今の自分があるのは間違いありません。

前田 そして、そこから私と小倉さんの戦いが始まっていくわけなんだね。

小倉 そういうことになりますね。

第2章

ライバル関係にあった「前田野球×小倉野球」

甲子園を懸けた戦いの裏に潜んでいたもの

小倉が関東一の監督に就任したのは1981年の秋。その頃、東京代表、とりわけ東東京代表の座を巡って熾烈な戦いが繰り広げられていた。80年春のセンバツで帝京が2度目の出場ながら、決勝に進出し、最後は高知商業（高知）に0対1でサヨナラ負けを喫したものの、準優勝を果たした。

また、その年の夏から5季連続で荒木大輔（東京ヤクルトスワローズ・82年ドラフト1位）を擁する早稲田実業が甲子園に出場。82年春のセンバツでは二松学舎大附が決勝でPL学園（大阪）と対戦。結果的に大敗を喫したものの、準優勝に輝いた。

甲子園に出場するためには、そういったライバルを蹴落とさなければならなかったが、小倉は帝京をライバルと定め、どうにかその壁を越えようと必死だった。当時のことを二人が回想する。

帝京と関東一は似通ったチームだった

小倉　私が関東一の監督になって、最初に越えなければいけないと考えていたのは「帝京の壁」でした。たしかに早実は強いし、82年春のセンバツで準優勝した二松学舎大附も強かった。それでも、「帝京は必ず倒さなければならない」ということを常に意識していました。

前田　私が思うに、関東一と帝京は、野球部のカラーが似ていたと思うんだ。早実のようなスマートさ、洗練されたような雰囲気はまったくない。バンカラというか、性格的にも向こうっ気の強い選手が多くて、それでいて少々荒っぽいところもある。

小倉　単刀直入に申し上げてしまえば、負けず嫌いの勝ち気な選手の集まりだったのかもしれませんね。早実の選手が専用バスで神宮球場に到着すると、ワーワーキャーキャー、女性ファンからの黄色い声援が飛んでくる。

その点、関東一は違いました。同じように神宮球場に到着すると、ちょっとガラの悪そうな一部の若者たちから、「お前ら頑張れよ！　あんなのに絶対負けるなよ！」と野太い声で発破《はっぱ》をかけられてから球場入りしていましたからね（笑）。

前田　帝京もその点は似ていたな。甲子園に出場したときには、メディアから「都会的な野球」と評されていたようだったけど、私は内心ずっと「いやいや、下町の泥臭い野球ですよ」と思っていたしね。「東京代表というだけで、『都会的』って表現を使うのはやめてほしい」というのは正直な気持ちでしたよ。

だから関東一と当たるときは正直言って面白かった。お互いに似たようなチームカラーだったから、どっちに転ぶかわからないでしょう。その点では采配を振るっていてワクワクするような高揚感があったように思いますね。

小倉　夏は夏で、東東京代表の座を懸けて、どこかで必ず帝京とぶつかる可能性があった。そう考えると、やはり「打倒・帝京」は避けては通れない目標でした。

甲子園の開会式が脳裏に浮かんだ

小倉　私が関東一の監督に就任した81年、この年の秋の東京大会の1回戦で帝京と初めて対戦したんです。このときは7対6で勝ったんですが、最終回に帝京に4点を取られて、本当にヒヤヒヤしていました。

前田　このときは大黒柱だった投手の伊東（昭光。本田技研－ヤクルト・85年ドラフト1位。現・ヤクルト編成部長）が夏で抜けて、戦力的にやや落ちていたときだった。新チームになって最初の大きな公式試合で、どうやってトーナメントを勝ち進んでいこうか、試行錯誤していた時期だった。

小倉 うれしかったですね。なんと言っても前年の春のセンバツの準優勝校だったんですから。前田先生は「打倒・早実」だったと思いますが、自分は「帝京に勝った」というのは、一つのハードルを越えたような気分でした。

前田 ただ、そこからは帝京も黙っていなかった。82年秋には準決勝、83年夏が決勝、84年秋がブロック予選、85年春が決勝と続けて関東一と当たって、帝京の4連勝だった。

小倉 82年秋は4対1、83年夏が3対2、84年秋が10対1、85年春が9対2でしたね。とくに83年夏は接戦でしたが、自分たちも夏の初出場が懸かっていただけに必死でした。8回に関東一が1点取って2対2の同点に追いついて、なお一死満塁のチャンス。自分はこのとき（甲子園の）開会式の入場行進のシーンが脳裏に浮かんでいました（笑）。

そして、レフトのファールゾーンにフライが上がった。「よし、もらった！」……と思いきや、レフトからサード、ホームへボールが転送されて間一髪タッチアウト。「うそだろ……」と、自分はその判定が信じられませんでした。

前田 その裏にうちが池田幸弘（早稲田大）の本塁打で逆転して、3対2で帝京が逃げ切ったんだね。

小倉　翌日のスポーツ紙を見たら、このシーンの写真が載っていて、しっかりアウトだったんです。「球審はよく見ていたな」と感心しました。

前田　83年は山田（正通。専修大）が大黒柱で、かなり期待していたチームだった。それだけに夏に初めて甲子園に出場できたのはうれしかった。ただ、2回戦で宇部商業（山口）に5対6のサヨナラ負けを食らってしまった。その点は悔やまれるね。

小倉　負けてしまったんですが、このとき2年後に甲子園に出たときのメンバーが数人、ベンチ入りしていたんです。

前田　それで2年後の夏につながっていくわけだ。

初出場に燃えた85年夏の決勝戦

小倉　85年の夏は是が非でも甲子園だと思っていました。選手たちには「帝京に勝たないと甲子園はないぞ」と言い続けていました。東東京予選の4回戦で攻玉社に1対0と最少得点で勝った試合もあれば、準々決勝で日大一に11対8と乱打戦を制した試合もあり、準決勝では城西に12対2で大勝して、帝京との決勝に臨んだんです。

前田　春のセンバツで準優勝したエースの小林（昭則。筑波大－ロッテ・89年ドラフト2位。

現・藤井（香川）監督）が健在だったから、油断さえしなければ……という思いはあったかもしれない。

小倉　実は決勝の前夜、『甲子園への道』（テレビ朝日系列）というテレビ番組に、前田先生が出ておられたんです。選手が「監督さん、前田監督が出ています」と言うので、自分も一緒になってテレビを見ていると、「関東一はまだまだ甲子園は行かせませんよ。うちが行きます」と言っていた。これに選手たちが発奮したんです。

　自分もそれを聞いて、「お前ら、明日は絶対に帝京に勝つからな」と言って選手たちを鼓舞したんです。

前田　このときのことはよく覚えていますよ。今も話した通り、小林なら勝てるだろうという思いがあったので、ああいう発言につながったんだと思う。

小倉　いざ決勝が始まると、関東一ペースで進んでいきました。1回と2回に2点ずつ取って、その後帝京が4回に2点、6回に1点取って4対3になった。これで試合はどうなるのかわからない……というところで、うちが8回裏に一挙8点を取って勝負が決まったんです。

前田　あの大量失点のイニングは、小林にとってアンラッキーな当たりもあったんだけど、関東一の勢いを感じずにはいられなかったね。

小倉　実は春の東京大会の決勝で帝京と当たったとき、帝京の選手が打ってホームインしてくると必ず「ウォー」とうちのベンチに向かってガッツポーズをしてくる。だからこのときはお返しとばかりに、ホームインしてきた関東一の選手たちが帝京ベンチに向かって「どうだ！」とガッツポーズをしていました。

前田　それも覚えているよ。威勢がよかったなあ。

小倉　自分も初めは容認していたんですが、徐々にエスカレートしてきたので、「お前ら、いい加減もうそのくらいにしとけ！」と言ってブレーキをかけたんです。でもよくよく考えてみれば当時だからまだ許されていましたが、今の時代に相手ベンチに向かってガッツポーズなんてしたら、高野連から警告が入ってもおかしくないなと。今となっては自分もやりすぎたなと反省しています。

前田　甲子園に初めて出場する学校というのは、勢いと元気がなければダメ。それくらいのことは大したことないよ。

お互いの共通点が多いことを知って意気投合

小倉　私が関東一の監督だった期間、帝京を相手にこのときは勝ちましたが、あとはことごとく負けました。それだけにライバル以上に心憎いまでの学校という印象がありましたね。

前田 それが高校野球の難しいところで、同じ東東京ブロックだったし、おいそれと練習試合をやって手の内を明かすわけにはいかない。どうしてもお互いの距離が遠かったよね。

小倉 その関係が一変したのが、それから24年後、２００９年のことでした。自分はすでに日大三の監督になっていましたが、この年の秋の東京大会の準決勝で三高は帝京と当たったんです。結果は4対5でうちが負けたんですが、終盤の3イニングで4点を取って追い上げて。ちょうどその年の12月に、東京の硬式野球部の監督が集まるシンポジウムがありました。そこに前田先生も来ていらして、自分の顔を見るなり、

「明治神宮大会に負けて、（センバツの）神宮枠が取れなくて申し訳なかったね」

と謝罪していただいたんです。この年の帝京は大会の準決勝で東海大相模（神奈川）と当たって4対0で敗れていた。ここで帝京が優勝していれば、神宮枠が確保できて、帝京、東海大菅生、準決勝で帝京と接戦だった日大三の3校が選出されるかもしれない。そのことがあったうえでの謝罪だったと思うんですが、自分は「いえいえ、全然気になさらないでくださいよ」と。

そこから前田先生とはいろんな話をするようになって、家族の話や生まれ育った千葉の話、前田先生の兄弟の話などをしているうちに、いろいろ共通点があることがわかって、それから意気投合して、いろんな話をするようになりました。

前田　そうだったね。私は3人兄弟の三男坊、家族は娘が2人、実家は半農半漁で暮らしているなんて話をしたっけ。
小倉　そうなんですよ。あのときのシンポジウムにどちらかが参加していなければ、今日の前田先生との関係はなかったかもしれません。そう考えると、ご縁があったんだなと思っています。

秋の東京大会ベスト4ながらセンバツ出場

前田　そうして翌年1月のセンバツ発表で驚きの結果になった。うちは東京を制しているから選出されたんだけれども、準決勝で負けた日大三も選ばれたんだよね。
小倉　そうなんですよ。このとき決勝で帝京の対戦相手だった東海大菅生が、13対1で帝京に大敗を喫したんです。それでセンバツの選考委員が、「準決勝で帝京と接戦を演じた日大三が代表にふさわしい」という理由から三高が選ばれたんです。これには思わず驚きましたが、センバツ出場校の発表前に、いつもと違う雰囲気を感じたんです。
前田　それはどうして？
小倉　センバツ出場校の発表の数日前から、三高のグラウンドに記者が何人かやってくるようになったんです。うちはドラフト上位で指名されるような選手はいませんでしたし、「何だろう?」という程度にしか見ていなかった。この発表を受けて初めて、「うちが選出されるかもしれないから、デスクに『行け』と言われたんだな」ということに気づきました。

前田 それにしても大逆転の選出だったね。東京大会ベスト4からの選出って、過去に例がありました?

小倉 私が記憶している限りでは、1994年春に拓大一と三高が甲子園に出場したんですが、三高は準決勝で拓大一と当たって4対6で負けたんです。8回まで3対3の同点だったんですが、9回表の拓大一の攻撃で一挙に3点取られて、その裏の攻撃で1点を返すのがやっと、という展開でした。

ところが決勝で拓大一と対戦した東海大菅生が、20対6と大敗をしまして、このときもセンバツの選考委員から、「準決勝で拓大一と接戦だった日大三のほうが代表にふさわしい」という結果になって選出されたというわけなんです。

前田 そうか、2度とも菅生が対象になったのか。決勝のスコアで13対1と20対6じゃ、選考委員の立場になると菅生を選びづらい……。

小倉 そうなんです。そのおかげで、2010年に三高は決勝まで勝ち進んで準優勝したんですから、懸命に戦った選手たちも誇らしげでした。

公式戦最後の対戦は思い出深い神宮第二のラストゲーム

前田　小倉さんとの公式戦最後の対戦になったのが、19年秋の準々決勝だったね。このときは神宮第二球場で行われる最後の公式戦がうちと日大三との対戦となったわけだ。偶然決まったこととはいえ、奇遇な縁を感じるね。

小倉　本当にそう思います。試合は11月3日でしたね。翌年のセンバツ出場を懸けての真剣勝負でしたし、それにしても偶然に偶然が重なりすぎだなと思いました。

前田　11月3日が神宮第二のラストゲームになるということは組み合わせ抽選の段階で決まっていたんだけれども、トーナメントだし、大会上どの学校が勝ち進んでラストゲームの枠に収まるのかなんて誰にもわからない。もはや野球の神様が仕組んだこととしか思えないですよ。

小倉　本当にそう思いました。スタンドを見たら超満員（収容人数5600人）でしたね。東京の高校球児の聖地とも言える球場でしたから、多くのファンが最後を見届けたかったんでしょう。

前田　試合はうちが2対1で勝ったけれども、試合が終わってから小倉さんとホームベース上で思わず握手をして、その瞬間お客さんから拍手喝采だったのを覚えてますよ。

小倉　対戦前は帝京に勝つことしか考えていませんでしたが、対戦後は感傷的な気持ちになりました。

前田　私も「もうここで試合をすることはないんだな」と思うと、寂しい気持ちがこみあげてきてね。手書きのスコアボード、両翼91メートル、センター116メートル。ファールゾーンも狭くて、レフトフライだと思った当たりがフェンスオーバーする光景を何度も見てきたけど、日大三との試合を最後にもう二度とここには立てないんだなと思って、ただただ「長い間ありがとう」という感謝の気持ちしかなかったですね。

小倉　今年（23年）の3月に取り壊されたそうですが、神宮第二での試合の数々は、自分たちの胸に刻んでおきたいですね。

最後の試合は3対3の引き分けだった

前田　そうして本当の本当にラストゲームになったのが、今年の3月31日。日大三のグラウンドで行われた練習試合でしたね。

小倉　この試合はもともと帝京の金田（優哉）監督とうちの三木（有造）監督との間で決ま

っていた試合だったんですが、ちょうど私が退任するということでテレビの撮影取材も入っていました。そんなこともあって、ユニフォームを着てベンチ入りをさせてもらっていたんです。

前田　試合は3対3の引き分けだったけど、8回表に帝京が勝ち越し、その裏の攻撃で日大三が本塁打で同点に追いついて、その次の打者の四球を足掛かりに一死一、三塁という場面をつくったんだけれども、9番の安田（虎汰郎）君がスクイズを失敗してね。

小倉　三木は怒っていましたよ。「ああいうところで決めないと夏は厳しい」と言っていましたが、まあこの先は彼に任せて期待しておきます。

対戦成績は前田監督11勝、小倉監督7勝

前田　それにしても小倉さんとの対戦成績は、関東一の監督時代、それと日大三の監督時代の2つを合わせても通算18試合で私が11勝、小倉さんが7勝。まあ互角と言っていいんじゃないかな。

小倉　そう言っていただけるとうれしいですね。ただ、これだけははっきり言えます。自分は帝京という目標があったからこそ東京で頂点を獲ることができましたし、甲子園でも2度、

優勝することができた。自分は甲子園で春夏合わせて37勝しましたが、前田先生はそのはるか上を行く51勝もした。東京を制して、そのうえ甲子園でも勝てるチームをつくり上げたというのは、誇れることだと思うんです。

前田　そう言っていただけると自信になるね。小倉さんの言うように、東京で勝つことは至《し》難《なん》の業《わざ》だった。夏に2年連続はあっても、3年連続出場は一度もなかったことがそれを物語っている。そのなかで小倉さんとこうして何度も対戦して名勝負を繰り広げることができたのは、私にとっても財産ですよ。このことは自信を持って言いたいですね。

小倉　前田先生が率いた帝京の夏の甲子園初出場が１９８３年、東東京予選の決勝で関東一を破ったから。関東一の夏の甲子園初出場が85年、東東京予選の決勝で帝京を破ったからなんです。お互いを超えて夏の甲子園の初出場を果たしたというのは、なんとも面白いものですね。

前田　そうした縁があるということは、お互いを乗り越えなければ夏の甲子園初出場は果たせないという宿命のようなものがあったのかもしれないね。

小倉　自分もそう思います。

前田　とにかくお互いよく頑張った。お疲れさま、ということでいいんじゃないかな。

小倉の最後の采配となった帝京との練習試合には、先輩であり、ライバルであり、盟友でもあった前田が駆けつけた。2023年3月31日、日大三のグラウンドにて。

資料1 前田三夫×小倉全由　公式戦の対戦成績

年／時期	回戦	対戦結果
1981年／秋	1回戦	●帝京6−7関東一○
1982年／秋	準決勝	○帝京4−1関東一●
1983年／夏	決勝	○帝京3−2関東一●
1984年／秋	ブロック予選	○帝京10−1関東一●
1985年／春	決勝	○帝京9−2関東一●
1985年／夏	決勝	●帝京5−12関東一○
1985年／秋	決勝	○帝京3−2関東一●（延長13回）
1986年／秋	決勝	○帝京9−7関東一●
1988年／夏	準々決勝	○帝京8−1関東一●
1994年／夏	決勝	●帝京2−4関東一○
2001年／春	決勝	●帝京10−18日大三○
2008年／春	決勝	○帝京3−2日大三●
2009年／春	決勝	●帝京6−8日大三○
2009年／秋	準決勝	○帝京5−4日大三●
2013年／春	決勝	○帝京3−2日大三●（延長11回）
2017年／春	準決勝	●帝京7−9日大三○
2017年／秋	準々決勝	●帝京5−12日大三○
2019年／秋	準々決勝	○帝京2−1日大三●

第3章

東京代表の座を つかみ取るためにカギとなった 「ライバル校」の存在

強豪ひしめく東京で、ひときわ輝いていた「あの名門校」

二人が監督に就任して以降、もちろん甲子園に出場するにはライバルを倒さなくてはならなかった。すると「ある学校」の名前が共通のキーワードとして挙げられた。ここではともにライバルとして見ていたその理由、そしてどう立ち向かっていったのかについて、詳しく語ってもらった。

「打倒・早実」を掲げた若かりし頃

前田　私が1972年に帝京の監督に就任して少しずつ勝てるようになってきた頃、選手の強化とともに考えなくてはならなかったのは、「ライバル校をどう倒せば甲子園に出場できるのか」ということだった。当時の東京と言えば、日大一、日大三をはじめとした日大系列と早稲田実業だった。とくに早実については、甲子園出場を懸けた東東京予選で、ことごとく負けた印象しか残っていない。

小倉 たしかに当時の早実は、ここ一番で強さを発揮していましたね。

前田 目の上のたんこぶという言葉があるけれども、私にとってのそれはまさに早実だった。当時の早実は、夏の予選では東東京ブロック（2001年に西東京に変更）に入っていたんだけれども、一にも二にも「打倒・早実」が目標だった。

早実に勝たなければ甲子園出場はない、甲子園を目指すには早実を倒すしかない――新興の、無名の帝京が東京を制するには、まずは早実より上をいかないといけないと思っていました。

小倉 それにしても当時の早実は強かったですよね。1974年の夏の大会（第56回大会）から、東京は東西に分かれて2代表制となりましたが、前田先生は指揮を執られていて何か影響はありましたか？

前田 私は東西に分かれたことによって、チャンスが増えるんじゃないかという期待感があったのと同時に、「いやいや東京を勝ち抜くのはそうは甘くはないぞ」と気を引き締めて予選に臨むようにしていた。

なぜなら早実が帝京と同じ東側にいる。日大一を筆頭とした日大系列の学校、城西、日体荏原（現・日体大荏原）といった強豪校も同じ東だった。だから「打倒・早実」を掲げつつも、「早実以外の強豪校も倒さなければ甲子園に行けないんだな」と考えなければならなかった。

小倉　それはありましたね。私が高校2年のときに夏の東京大会が東西に分かれました。当時の三高は東東京でしたが、東西で比較したとき、「東のほうが強い学校が多いな」という印象がありました。

東京は東も西も甘くない

前田　調べてみたら、夏に2代表制になった74年と79年が城西、76年には日体荏原、84年は日大一が東東京代表として出場している。早実以外にも強豪がひしめいていたから、東東京代表の座をつかむのはたやすいものじゃないなと思っていたんですよ。

小倉　三高は前田先生とは反対のことを考えていました。私たちの代が卒業した76年春から三高は赤坂から今の町田にキャンパスが移転するということで、東から西に変わったんです。ちょうど私も大学1年で三高のコーチになりたてだったときでしたが、「東に比べてライバルが少ない！　これで甲子園に行ける！」と、ちょっと浮かれたような気持ちになっていたような記憶があります。

けれども現実は甘くなかった。76年、77年は桜美林が西東京代表として甲子園に出場。しかも、76年の桜美林は初出場で初優勝を成し遂げた。78年が日大二、自分がコーチを辞めてからも80年が都立国立、81年が国学院久我山と、まさにどこが出てもおかしくない状況が続きました。甲子園に出場するというのは生易しいものじゃないんだなと、身をもって勉強させられた気がしました。

前田　東でも、西でも、たとえシードで2回戦から出場したとしても、東京を勝ち抜いて甲子園に出場するには7連勝しなければならない。7試合すべて勝つためには、大会期間中はずっとチーム力を心身ともに高いレベルで維持しなくてはならないから、かなり難しいことなんです。

ことごとく阻まれた「甲子園出場の夢」

前田　もう一つ、大きな課題としてとらえていたのが、金属バットのことでしたね。ちょうど東海大相模の原辰徳選手（東海大－巨人・80年ドラフト1位。現・巨人監督）が1年生で夏の甲子園に出場した74年に金属バットが導入されたんだけれども、木製のバットで育ってきたわれわれにとってみれば、これをどう生かしていけばいいのか、あるいはどう変えていけばいいのか、どんな野球を目指していけばいいのか、考えていかなくてはならないことが多かった。

私は金属バットに変わったことで、「高校野球の未来が大きく変わる」というほどの、大きな衝撃を受けるような出来事が起きるんじゃないかと思っていました。

小倉　木製から金属にバットが変わって、野球がどう変わるのかと注目されて、打球が速くなる、あるいは打球が飛ぶようになると言われました。ただ、70年代中盤から後半にかけては、まだまだその恩恵を受けるほど使いこなせていなかったように思います。

前田　金属バットによる革命が起きたのは、池田（徳島）が夏に初優勝した82年あたりでしょうね。それまでは金属云々というよりも、高校野球全体が投手力を軸とした守りの野球で、いかに足技を使った攻撃を磨いていくかに重きを置いていたように思います。

今回、小倉さんと対談するということで、帝京の過去の東東京予選の結果について調べてみたんです。すると、帝京は早実と75年の準決勝で当たって3対10で敗れ、77年の決勝では4対12、78年の決勝では10対13、80年の準決勝では0対4の完封負けを喫していた。東東京予選ではいいところまでいくものの、その前に必ず立ちはだかったのが早実という感じでしたよ。

小倉　「ここで勝てば……」という大一番で負けてしまっていたんですね。

前田　そう。それもことごとく。78年にいたっては、帝京は春のセンバツに初めて出場して

小倉（福岡）に初戦で敗れたものの、「夏も期待できる」と思っていた。決勝まで進み、最後に早実と当たった。しかも6回裏終了時点では10対4で帝京が6点リードしていて、これは「いけるぞ」と内心期待していました。

ところが7回表の早実の攻撃で5点を取られて1点差に迫られ、8回表に一挙に4点を取られてゲームをひっくり返された。結局、そのまま早実に押し切られて、帝京の初となる夏の甲子園出場ははかなくも消え去ってしまったんです。

小倉　このときの早実は3番に川又（米利。中日ドラゴンズ・78年ドラフト外）選手がいましたね。

前田　そうそう、シュアな打撃をするいい選手でした。彼は77年の春夏、78年の春夏と甲子園に4季連続で出場していた。当時の帝京はまだまだ早実を超えるだけの力はなかったね。

「WASEDA」ブランドに勝つのは容易ではない

小倉　それにしても、帝京がことごとく早実の壁に跳ね返されたのは、何か考えられる原因

があったんですか？

前田　私が考えるに、少なくとも二つの理由が挙げられる。一つは、早実には野球エリートの選手が揃っていたこと。実際、早実はリトルリーグで世界一にもなった調布リトル出身の選手を多く獲っていた。この子たちがまたうまいんだ。どんなに鍛えても、最終的には野球エリートが持つセンスというか、「教えるだけでは身につかない高い技術」というのが、勝負の分かれ目で出てしまう。その結果、帝京は早実にやられてしまったという印象が強い。

小倉　たしかに早実は野球エリートが多かった。自分も関東一の監督に就任して以降、調布リトルをはじめとした中学生の硬式野球チームの関係者にあいさつ回りをしていたんです。当時の関東一はまだまだ実績なんてありませんでしたから、学校の名前を知ってもらうために、自分が率先して中学生チームを回っていました。

　けれども自分が名刺を渡しても、チームの関係者から返ってくるのは、「関東一？　どこにある学校ですか？」とつれない返事をされる。そこで自分がどんなに一生懸命、野球部のことを話しても、「ああそうですか」とどこか上の空な感じがしていた。「これはうちには興味がないんだな」という様子がありありと見えました。

前田　無名の学校というのは、どうしてもつれない対応をされてしまいがちでしたよね。私も帝京の監督として選手のスカウティング活動をしていたときは、「帝京？　板橋のどこにあるんですか?」とそっけない対応をされたのをよく覚えているよ。
小倉 けれども早実の関係者が来るとまったく違ったんです。「ようこそいらっしゃいました。ささ、こちらへ」といった感じで、私への対応とは打って変わってとても丁寧な応対をしていた。それがそばから見ていても露骨すぎるほどだったんです。
そのうえ「うちにはこんな選手がいるんですよ」「あの選手もいいんですよ」と、積極的に自分のチームの有望な選手を、早実の関係者にこと細かに説明してアピールしている。その光景を見たときに「関東一も強くならないと、どこからも見向きもされないんだな」ということを骨身に沁みるほど感じました。
前田 早実に進学すれば、甲子園に出場するチャンスが大きくなるだけでなく、「早稲田ブランド」にもあやかれる。「WASEDA」という名前の響きもいいしね。チャンスがあるのなら、親御さんのほうから、「うちの子が早実に入れるのならぜひ」と早実の関係者に頭を下げてお願いしたっておかしくないよね。
小倉 ブランド力を言われたら、関東一に限らず、東京のどこの学校も太刀打ちできません。当時、それだけの魅力が早実にはありました。

ライバル校監督の采配をこう分析する

小倉　前田先生からご覧になっていて、早実の和田（明。92年3月死去）監督というのはどういう監督さんだと思われていましたか？

前田　選手の能力と判断力を信頼して、「ここで仕掛けてきたら嫌だな」という場面で、思い切った作戦を仕掛けてくる監督でしたね。ここぞという場面でヒットエンドランをかけてくる。あるいは単独スチールを仕掛けてくる。それがことごとく成功する。

正直うらやましかったですよ。選手がみんな優秀ですから。監督が指示する作戦を瞬時に理解して、それを実行して成功させるだけの能力があったんですから、見ていて本当にうらやましかったですね。

小倉　作戦面ではオーソドックスな作戦の多い監督さんでしたが、選手は何のサインが出されるのか、予測しながらプレーしていたような雰囲気がありましたよね。

前田　それに和田監督は常に反対側のベンチにいる私のことをよく観察していた。作戦が失敗して「しまった！」と思っていても、表情で悟られないように平静を装うのに必死だった。

それでも東東京の決勝で負けたときには、「帝京にはまだまだ甲子園には行かせない」といったコメントが、実際に新聞のコメントで出ていたんです。それを読んで、私は当時カリカリしていたのを思い出しましたよ（笑）。

小倉　徹底されていたんですね。その頃から80年代前半まで、早実の時代が続きましたね。

前田　当時の帝京はサッカー部とグラウンドが共用だったこともあって、有望な選手にしてみれば学校が野球に力を入れていないというふうに映っていたかもしれない。だからこそ、帝京に来てくれた選手たちを必死に鍛えて、まずは東京で常にベスト8以上に入れるようにしたかった。たしかに当時はいいところまで勝ち進んで、最後は早実にやられたという思いもあるけれども、選手たちは私についてきてくれて、よくやってくれましたよ。

早実スタンドからの応援の迫力に圧倒されていた

前田　もう一つ、早実に負けていたと思う点を挙げるとしたら、あの応援だね。攻撃のときにチャンスで流れる「コンバットマーチ」、得点が入ったときに流れる「紺碧《こんぺき》の空」。東京六大学野球の早稲田大学とまったく同じ雰囲気の応援で、スタンドが一体となって盛り上げる。

　それに合わせて一般のお客さんも、一緒になって早実を応援して、知らず知らずのうちに相手チームに圧力をかけてくる。そうして、早実の選手たちも一緒になって乗ってくる。すると、実力以上の力を発揮してくることが幾度となくあった。それがものすごく嫌だった。

帝京側からすると、あの早実の応援の雰囲気に呑み込まれてしまうことがたびたびあった。帝京の応援団も立派だったけど、それ以上に素晴らしかったのが早実の応援団だった。その印象が今でも鮮烈に残っている。

小倉　たしかに早実の応援はパワーがありますよね。とくに神宮球場で応援団が入ったときの早実は脅威でしかなかった。ベンチにいても、関東一や三高がピンチを迎えたら、あの応援は嫌でも耳に入ってきましたからね。グラウンドにいる選手たちはもっと敏感に感じていたでしょうから、たじろいでしまう部分はあったかもしれませんね。

前田　それだけじゃない。きわどい判定はどうも早実寄りになっていたような気がする（笑）。審判だって人の子。雰囲気に呑まれてしまうのは、我々も一緒だったから仕方がない。そうしたことも想定して試合に臨まないといけないと考えていましたよ。

小倉　たしかに審判も雰囲気に呑まれてしまうというのはあったかもしれません。

前田　さらに言えば選手の質。帝京と早実を比較した場合、明らかに早実のほうが上だった。試合前のシートノックを見ていても、早実の選手のほうが颯爽《さっそう》と守って、動きが洗練されている。帝京の場合はどちらかというと不器用な選手が多かったからか、スマートさからはかけ離れていたね。

小倉　めいっぱい努力しても、乗り越えられない技術の部分ってあるんです。人はそれを「センス」と呼んでいるわけですが、当時の早実の選手はこの部分が東京の他の学校に比べてもひときわ高かったように思います。

一人の投手の登場が大きくプランを狂わせた

前田　選手で言えば、先ほど小倉さんから川又選手の名前が出てきたけれども、私は早実の選手と聞いて思い出すのは、なんと言っても荒木大輔だね。

小倉　荒木は別格でした。本当にいい投手でした。彼の中学時代、調布リトルで世界一になったという話を、中学の野球関係者から聞いていましたから、相当なレベルの投手なんだろうなということはイメージしていましたが、噂にたがわぬ好投手でした。

前田　彼がよかったのは投手としての球筋、それとコントロールが抜群によかった。ただストライクを取りにくるのではなくて、捕手がインコースに構えたらピタッとそこに投げ込んでくる。アウトコースに構えてもピタッとそこに投げ込める。球種はストレートとカーブがメインだったが、非常に完成度の高い投手でしたよ。

小倉　自分が対戦していて思ったのは、荒木の抜群のコントロールのよさと彼を応援する球場の雰囲気、それといいテンポで投げてくることも相まって、際どいコースと高さのボールには審判も思わず「ストライク」と言っていたような印象があります。

前田　私は、伊東昭光が入学してきたとき（79年）に、正直なところ「これで3年間は安泰だ」と思っていた。

小倉　たしかに伊東君はものすごい剛速球があったわけではありませんが、打者がことごとく差し込まれていた印象が強いですね。前田先生と伊東君はどんな出会いだったんですか？

前田　彼が中学3年生のとき、「江戸川ポニーにいい投手がいる」という話を聞いてね。実際に川崎球場まで彼のピッチングを見に行ったら、体のバランスがよくて、伸びのあるストレートを投げていたんだ。スピードガンでは120キロ以下だったんだけど、見た目には130キロ中盤ぐらいの勢いがあったと思う。

小倉　それは教えて投げられるようになるストレートではないですね。

前田　そうですね。まさしく天性のものだった。「こんな選手がいたら、甲子園に3回は行けるんじゃないか」と思って、自宅に行って伊東本人と彼のお父さんを交えて三者で話し合ったんだ。そうして彼が「帝京に行きます」と言ってくれたので、安心して錦糸町駅に向かったわけ。すると時計を見たら終電には間に合わないし、タクシーで帰ろうにもお金がない。このとき11月だったから、駅で始発を待つにもかなり冷え込んでくる。

「どうしようかな」と思って、あたりを見渡したら新聞紙にくるまって寝ているおじさんがいたんだ。そこで私も近くにあった新聞紙にくるまってみたらこれが本当に暖かい！　それからは選手の自宅にあいさつに行くときには、何かあっても困らないようにカバンのなかに必ず新聞を入れておくようにしたんだ（笑）。

小倉　経験した人じゃないとわからない話ですね（笑）。でも伊東君の存在は大きかったんじゃないですか？

前田　たしかにそうだね。実際、伊東が2年に進級したばかりの80年春のセンバツに出場したときは、決勝まで進出した。相手は高知商業（高知）。

小倉　高知商業は中西（清起《きよおき》。リッカー－阪神・83年ドラフト1位）がエースだったときですね。

前田　そう。伊東と投げ合って投手戦になってね。結局、0対1で敗れて準優勝に終わったんですが、「このあとも好成績を残せるんじゃないか」という思いはありました。そうして、その年の夏の東東京予選の準決勝で早実と当たった。先発投手が背番号16をつけた1年生。それが荒木だった。

小倉　本当は2年生の芳賀（誠。のちに早稲田大）がエースだったんですよね。それが予選直前の練習で故障して、急遽荒木を軸に投げさせることになったそうですが、4ヵ月前までは中学生だったとは思えないボールを投げていたでしょう？

前田　そのことは結果が表してますね。0対4で完封負け。伊東は初回に先制されながら、その後は踏ん張っていた。けれども最終回に早実に一挙3点を取られて万事休すとなった。伊東が早実に10安打打たれたのに対して、帝京は荒木からわずか3安打しか打てなかった。わずか3ヵ月前に高校に入学したばかりの選手に完封負けだなんて、信じられなかった。このとき私の描いていたプランがガタガタッと崩れ落ちたような気がしたのを、今でもよく覚えています。

高校野球をスマートなイメージに変えた功績

小倉　私も82年の春、早実の荒木と対戦しているんですが、コントロールとテンポがよくて、野手も落ち着いて守っているように見えた。本当にいい投手でしたよね。

それに加えて荒木と同じ学年の、切り込み隊長だったキャプテンの小沢（章一《のりかず》。早稲田大、のちに千葉英和〔千葉〕監督。2006年1月死去）にいいところで盗塁を決められた。監督の作戦を実行し、いとも簡単に成功させる。自分から見ても早実の選手というのは、練習で鍛えられてうまくなったこともあったと思いますが、「持って生まれたセンス」というのがものすごくあった印象が強いですね。

前田　あの「大ちゃんフィーバー」は社会現象にもなったしね。荒木の野球の実力もさることながら、ルックスもいいから女性人気も高かった。私は「高校野球ってこんなに人気のあるスポーツなんだ」ということをあらためて認識した時代でもあったんだけれども、それは荒木大輔という希代のヒーローがいたからこそ、成り立っていた部分もあった。

小倉　彼が1年生の夏に登場してからずっと人気が続いたでしょう。周りにいたチームメイトもたいへんだったと思いますけどね。

前田　荒木は「高校野球＝さわやか」のイメージを作ってくれたけれども、同時に「早稲田実業＝スマートな野球」というのも印象づけたと思う。

小倉　それはありますね。東京と甲子園で熱狂的に盛り上げてくれた。一高校球児として、彼の登場と積み上げた成績は大きく評価するべきことだと思います。

前田　それと早実を見ていて思ったのは、たしかに強い。しかし、同時に帝京はまだまだ実績が足りないということ。けれども泣き言ばかり言っていても仕方がないから、自分のところのチームをもっともっと強化しなければ「早実超え」は果たせない。

小倉　早実の強いときっていうのは、予選の前からメディアが盛り上げるんです。「今年の早実は強い。優勝候補だ」と。その雰囲気を持ったまま予選に入って、一つ、また一つと勝ち星を積み重ねていって、ベスト8、ベスト4と勝ち進むにつれてさらに盛り上がる。そうすると、選手も乗ってくるし、最後は決勝も勝ち抜いて甲子園出場を決める……そんな印象が強かったですね。

前田　テレビであれ、新聞であれ、メディアには早稲田（大学）出身者が多くいるから、「帝京憎し」というよりも「早実頑張れ」という雰囲気をつくるのがうまかったようにも感じましたね。

帝京は1983年の春夏に甲子園に出場して以降、甲子園出場の回数が増えたんだけれども、やはり早実に勝てない年というのはあった。86年夏に準々決勝で当たったときは1対3で、90年夏は3回戦で当たって9対10で敗れた。さらに97年夏は準決勝で当たって2対12のワンサイドで負けてと、勝ち上がる先に早実がいれば警戒することに変わりなかった。

岩倉をそれほど怖がらなかった理由とは

小倉　84年のセンバツで、東東京の岩倉が初出場初優勝という快挙を成し遂げました。前年秋の東京大会、さらには明治神宮大会も制してたしかに強かった。チームを率いた望月市男監督（2013年7月死去）が優秀な選手を集めて、山口重幸（阪神・1984年ドラフト

6位。現・ヤクルトスコアラー）投手を中心によくまとまったチームではありましたが、自分は岩倉の強さは長続きしないだろうと思っていました。なぜなら望月監督は選手たちに自由にやらせてはいたものの、野球以外の部分の指導にはおや？　っと思うような雰囲気があった。だからここ一番というところでのまとまりに欠けるんじゃないかなと思って見ていたんです。

前田　たしかにこのときの岩倉は、桑田（真澄。巨人・85年ドラフト1位。現・巨人ファーム総監督）、清原（和博。西武ライオンズ・同年同1位）のいたPL学園に決勝で1対0で勝って優勝したし、初出場ながら初優勝したことで盛り上がった。そうして勝つには勝ったんだけれども、たいへんなのは「勝ったあと」なんですよ。甲子園で優勝して、監督も選手もどちらもそれに満足してしまって、終わってしまう——というのではダメなんです。

勝ち続けるためには「土台」をつくらなければならない。たとえ勝っても負けても、土台さえしっかりしていて揺るがなければ、ある年はよくてある年はダメ……なんて極端なことにはならない。毎年コンスタントに上位進出をして好成績が収められる。たとえ甲子園の出場を逃しても、毎年上位進出を果たせるようにチームづくりをしていけば、いい伝統が後輩たちに受け継がれていく。そういう野球を目指さなくてはならないと思います。

岩倉のように「初出場初優勝」を決めたチームというのは、勢いという点ではたしかにあるんだけれども、それしかないから本当の意味での怖さはない。優勝はしたけど、手がつけられないほどの強さが持続するとは考えていませんでしたね。

小倉　前田先生がおっしゃるように、優勝した直後の84年の春の東京大会ではあっさり負けてしまいましたし、夏も4回戦で二松学舎大附に7対9で敗れてしまった。センバツで優勝したことで満足してしまったような印象がありましたし、「この強さは長続きしないな」と感じました。

予選で負けてしまっても、選手たちはみんな笑顔でした。負けても笑っているなんて、本当の意味での悔しさなんてないんじゃないのかなって、そのとき疑問に思っていたんです。

前田　負けて悔しがれるチームというのは、やっぱり伸びてくるよね。チャンスで三振したり、ピンチで投手が打たれたり、そんなことはよくあることなんだけれども、それを糧にできるチームというのは伸びしろがあると考えていいでしょう。

小倉　その意味では、当時の岩倉には勝ちに対する執念が足りなかったという印象が残りました。本当ならばたとえ甲子園で優勝しても、もっと勝ちにどん欲になって、技術の追求や人間性を磨いていくこともしていかなければならなかった。その点を自由奔放に、ともすれば野放しにしてしまったのは、客観的に見ていて残念な気がしました。

油断が生んだ決勝戦での大敗

前田　小倉さんは、85年夏の東東京の決勝で帝京に勝って甲子園初出場を決めてから、翌年春のセンバツも帝京と一緒に甲子園出場して、この年の夏も東東京予選で決勝まで進んだ。ところが決勝の正則学園との試合では10対0のワンサイドで負けてしまったよね。このときはどうしてこんな点差がついてしまったの？

小倉　反省しなければならないことがたくさんあるんです。最大の反省点は、自分が相手をまったく研究していなかったこと。これに尽きるんです。

この年の関東一は、エースの本間秀和（関東学院大）を中心に投打とも前年に劣らないチームをつくっていました。しかも帝京が準々決勝で早実に負けて、うちが準決勝で早実に勝ってライバルはもういないと思っていたところに、相手は無名の学校。「こんなに簡単に甲子園に出場できる年はないな」と勝手に決めつけてしまっていたんです。

前田　監督がそう思うのは危険な兆候だ……。

小倉　結果的にもそうでした。いざ試合が始まると、3回に一挙7点も取られた。しかも外野の頭を越えるような当たりではなく、内野と外野の間にポトンと落ちる、いわゆる〝カンチャンヒット〟ばかりだったんです。これに対して関東一の打線は、いい当たりは出るけれども、すべて相手の野手の正面を突くような当たりばかり。

7回裏終了時点で10対0のワンサイドで関東一が負けていましたから、決勝でなければコールドゲームになっていてもおかしくない試合でした。

前田　反省材料は多い試合だったでしょう。

小倉　自分が反省するべきところは、相手に対する研究もそうですが、エースの本間についても同様でした。たとえば準決勝で早実に勝ったものの、スコアは9対8と大接戦だった。しかもうちが7回に6点、8回に2点を取って大逆転したものの肝心の本間の投球内容にしっかり目を向けていなかったんです。

実は本間は夏の予選を控えた6月に、体調を崩して5キロほど体重が減っていた。その分、ボールが軽くなって高めに浮いたところを相手チームの打者にことごとくはじき返されていたんです。本来であれば、もっと自分がその点を留意してあげればよかったものを、それを怠ってしまった。ですから選手がというよりも、自分のおごりと怠慢だったんです。

前田　決勝まで残ってくるチームというのは、必ず何か特長があるはずなんだ。投手がいい、守りがいい、クリーンナップが充実している。このほかにも「勢いがある」ということだって考えられる。それをどう食い止めようとするのか、このあたりを分析することが、当時の小倉さんには必要だったんでしょうね。

強烈なひと言に、思わず背筋が伸びた

小倉　話はそれだけにとどまりません。正則学園は甲子園の1回戦で広島工業（広島）に4対1で敗れたんですが、長髪で自由奔放な振る舞いがテレビでも取り上げられ、当時流行語になっていた「新人類世代」の高校球児と言われていた。問題はこのあとで、正則学園の試合が行われていたのがちょうど日曜日だったのですが、その日の夜の『サンデースポーツスペシャル』（NHK）で、当時キャスターを務められていた星野仙一（倉敷商－明治大－中日・68年ドラフト1位）さんが、

「この学校を甲子園に出させた東京の学校は、いったいどこなんでしょうね」

と眉間にしわを寄せて、コメントされていたんです。決勝で負けた自分がまるで星野さんに遠回しに叱られたような思いがして、思わず背筋がピンと伸びたのを覚えています。

前田　星野さん自身が正則学園の試合ぶりを見て、許せない何かがあったんでしょうね。

小倉　そう思います。ただ自分自身はいい教訓となりました。85年夏、翌86年春と2季連続で甲子園に出場したことで自分におごりがあったんだと思います。本来であれば必ずしもなく

てはならない「相手を分析すること」、さらに「自分のチームを分析すること」の両方を怠ってしまったんですから、自分は言い訳できる立場にありません。

決勝戦後の閉会式では関東一の選手がワンワン泣いている。それを見て、「選手たちには申し訳ないことをしたな」と自分自身、大いに反省しましたし、それ以降はどんな相手であっても、必ず分析するということを徹底してやるようにしてきました。

前田　たしかに無名の学校だと、「楽勝だ」と思いがちになるんだけれども、同じ高校生がやることだし、何が起こるかわからない。たとえ10回戦って9回勝つような相手であっても、残り1回の負けが甲子園出場を懸けた大一番の試合だっていうこともあり得る。だから油断は禁物なんです。

たった1回の勝負の間に、流れというものはきちんとあるわけだし、それをいかに自分たちに引き寄せるのか、このときはその対策が必要だったんじゃないのかな。

日大三の前に立ちふさがった投手

前田　小倉さんは90年代の後半に関東一から母校に戻って監督になられたんだよね。

小倉　そうなんです。ちょうど三高が甲子園にあまり出ていない時期に入っていたものですから、「母校の再建を小倉に託す」という形でOBから要請があって戻ったんです。
チームの現状を把握するのと同時に、西東京を研究しないといけませんでした。自分が三高の監督に就任した当時は創価、桜美林、堀越、国学院久我山、東海大菅生が常に上位進出を果たしていた。並みいるライバルを倒して甲子園に出場するにはどう戦えばいいのか。その点を研究しました。

前田　秋、春は、東京は東西関係なくすべての学校と対戦する可能性があるけれども、夏になると話は変わるからね。西東京の戦い方というのも視野に入れていかなければいけない。

小倉　そのうえ2001年になってからは早実が東から西に変わったことで、早実もマークしなければならなくなったんですが、自分が最も意識したのは、斎藤佑樹（早稲田－日本ハム・10年ドラフト1位）と06年夏の西東京予選の決勝で対戦した試合です。前田先生が先ほどおっしゃったように、このときもメディアが「早実、早実」で盛り上がっていました。

この年の3月に開催された第1回WBC（ワールド・ベースボール・クラシック）で日本が優勝しましたが、指揮を執っていた王貞治（当時・福岡ソフトバンクホークス監督）さんが、胃がんの治療のために戦列を離れて入院されていた。「病床にいる王さんのためにも早実は勝たなければいけない」という報道が出てきて、西東京予選は早実一色になっていったのを覚えています。

前田　斎藤の話が出てきたけれども、この予選のときの彼について、小倉さんはどういうところを注目していたの？

小倉　斎藤はこの年の春のセンバツに出場していましたが、2回戦の関西《かんぜい》（岡山）との試合で、延長15回を投げて7対7の引き分け再試合というのを経験して、4対3で勝っていたんです。その次の横浜（神奈川）との試合では、先発した斎藤が3回まで6点を取られて13対3で敗れて力尽きてしまいましたが、自分は西東京予選の前から早実が最大のライバルになると読んでいたんです。

前田　たしかにこの年の早実は、力量で頭一つ分抜きん出ていたよね。

小倉　実はその1年前の05年の夏の西東京予選の準決勝で早実と対戦しているんです。そのときは三高が8対1で早実を圧倒してそのまま甲子園にも出場したんです。ただ、1年前の早実と06年の早実とでは、実力的に見ても06年のほうが圧倒的に上と見ていました。その中心にいたエースの斎藤も、センバツの4試合を通じていい経験を重ねてきている。「早実はかなり手ごわい」と自分は読んでいました。

土日の練習試合で斎藤が連投していた理由

小倉　そこで春から夏にかけて、三高と練習試合を行った学校の監督さんから「早実と練習試合をした」という話を聞くと、「斎藤君のコンディションはどうでしたか？」と必ず斎藤の情報を収集するようにしていたんです。

　すると、「彼は毎週土日の試合で連投している」という話を耳にした。これは夏になったらバテてしまうんじゃないか。暑くなる7月下旬の予選の頃には投げるスタミナが残っていないんじゃないか、そう分析していたんです。

前田　毎週土日に練習試合で連投しているとなれば、いろいろ思案したくなるものだけど、たしかに投げすぎだと思うかもしれないな。

小倉　ところが決勝で斎藤と対戦すると様子が違っていました。1回に2点、3回に1点と序盤は三高が有利に試合を運んでいたんですが、早実に6回に同点に追いつかれると、その後は投手戦となりました。しかも斎藤は回を追うごとにものすごいキレのあるボールを放ってくるんです。球速も140キロ台後半のボールを投げるので驚きました。

前田　そうか、夏の暑さ対策も兼ねてあえて厳しい鍛え方をしていたんだね。

小倉　そうなんです。早実は春のセンバツのあと、5月以降の練習試合で斎藤を連投させていたのは、「投げるスタミナをつけるため」だったんですね。西東京予選は勝ち進んでいくと会場となる球場が東東京ブロックとかぶるため、東東京が使用した日は翌日が西東京、という順番になっていました。ですから西東京では基本、ベスト8以上になっても連投になることはないんですが、その先の甲子園での登板まで見据えていたんだと思います。

前田　斎藤の投球は、最後まで力は落ちなかったの？

小倉　最後の最後まで力は落ちなかったですね。素晴らしかったのは、なかなか四死球を出さない強さがあった。たとえフルカウントになっても、そこから抑えるんです。二死満塁の絶体絶命の場面を迎えると、普通ならば外角に投げて打者の様子を見る、あるいは低めに投げて引っかけてくれたらいいかな、という配球になることが多いですが、斎藤は違った。逃げずに内角へ素晴らしいストレートを投げ込んでくるんです。自分には「攻めて打たれたら仕方がない」と割り切って投げているように見えました。

前田　ある意味、腹をくくって投げていたんだね。でもそうなったときの投手は怖いもの知らずで向かってくるから、打つほうは攻略するのに手を焼くよね。

学ぶことが多かった早実と駒大苫小牧との決勝戦

小倉　決勝戦では結局、4対5で三高がサヨナラ負けを食らって甲子園出場を果たせなかったんですが、斎藤の投球は選手たちにも勉強になるだろうと思って、甲子園で決勝に進んだときには、選手全員を合宿所の食堂のテレビの前に集めてこう言いました。

「斎藤君の素晴らしいところは、追い込まれても絶対に逃げないところ。勇気を持って内角を攻められるところ。思い切りのいいところ、といっぱいある。土壇場に追い込まれても立ち向かっていける勇気があれば相手を抑えられる。斎藤君の投球をみんなで一緒にテレビで見て勉強しようじゃないか」

本当であれば、テレビを見せるよりフリー打撃をしたり、ノックで守備を鍛えたりすることが上達への近道なのかもしれませんが、このときは西東京の決勝で敗れた斎藤の投球を見せることが一番いいと考えたんです。

前田 なるほど。そうした学び方もあるよね。

小倉 試合はご承知の通り、斎藤と駒大苫小牧（南北海道）の田中（将大《まさひろ》。東北楽天ゴールデンイーグルス・06年高校生ドラフト1巡目）との投げ合いで息詰まる投手戦でした。8回表に苫小牧が本塁打で1点を先制したら、すぐその裏に早実が一死三塁から犠牲フライで追いつく。その後の7イニングは0行進で、延長15回を戦って1対1の引き分けで翌日に再試合となりました。

前田 本当の意味で熱闘だったね。再試合はどちらが勝ってもおかしくない試合だった。

小倉 再試合も好ゲームでした。早実が先制して、8回裏まで4対1とリードしていたものの、最終回に苫小牧に2ランを打たれて、二死走者なしから打席に立ったのは田中。最後は三振に斬って早実が夏初めての優勝を決めましたけど、見どころの多い2試合でした。

前田　斎藤の気力、技術、体力が充実していた大会だったよね。小倉さんはその後、どこかのタイミングで斎藤とは会う機会はなかったの？

小倉　斎藤とはこの4年後の10年に早稲田大学野球部のグラウンドで会いました。三高の選手が早稲田のセレクションに参加するので、自分が付き添いでついて行ったんです。すると斎藤が練習の終わったタイミングで自分のところにあいさつに来てくれて、「日大三の選手がセレクションに来るとは聞いていましたが、まさか小倉監督さんご本人がお見えになるとは思いませんでした」と言ったあとに、「準優勝おめでとうございます」と言ってくれたんです。この年の春のセンバツで、決勝で興南（沖縄）に敗れたものの、準優勝だったことを覚えていてくれたんですね。

そのときの決勝の話をしていたら斎藤が、

「自分は日大三に強くしてもらったんです。2年の夏の予選でコールド負けをして、三高が一番強いと思っていました。3年生の最後の夏に神宮の決勝でなんとか勝ったことで、甲子園での自信につながったんです」

私は感心してしまいました。こういうひたむきな姿勢と謙虚なものの考え方ができるからこそ、多くの人が彼に声援を送ってくれたんだなと思ったんです。我ながら単純なんですが、自分はこの話を境に斎藤のファンになってしまいました（笑）。

前田　そんなふうに言ってくれたら私でもファンになっちゃうかもしれないな（笑）。

人気と実力を兼ね備えたスラッガー

前田　早実で語るとなれば、あとはやっぱり清宮（幸太郎）だね。彼は1年生のときから騒がれていたけど、彼の3年間の西東京は、清宮を中心に回っていたよね。

小倉　彼が1年生のときの15年夏の予選前から騒がれていましたよね。もちろんそれまでにもリトルで世界一になったり、天才中学生などと騒がれたりしていましたが、清宮が打って早実が勝つとメディアが騒ぎ出して、この年の準決勝で三高は早実と当たって0対2で敗れました。清宮にもしっかり二塁打を打たれたんですが、このときの神宮球場は盛り上がっていましたね。

前田　このときの早実は、荒木のときの盛り上がりを見たようだった。清宮も1年生ながらまさにスター街道を走り始めていたんだ。投手と打者の違いはあっても、荒木と同じスターの風格を見た気がしたね。

小倉　ただ、このときの三高には清宮と同じ世代に櫻井（周斗）がいましたから、甲子園を狙える位置にいたんです。実際、16年秋の東京大会の決勝で早実と当たって、4対4の同点から9回表に三高が2点を取って逆転したものの、その裏の早実の攻撃で野村（大樹。ソフトバンク・18年ドラフト3位）にサヨナラ本塁打を打たれて6対8で試合をひっくり返されて負けたんです。清宮は5打席連続三振と完璧に打ち取ったんですが、4番を打つ野村に3安打と固め打ちをされてしまいました。

前田　野村は清宮のうしろでいい働きをしていたな。パンチ力があったし、この先どこまで伸びるんだろうという期待もあった。このときは日大三も早実と一緒に翌春のセンバツに出場したでしょう。

小倉　うちは準優勝だったこともあってセンバツに選ばれたんですが、1回戦の履正社（大阪）戦で5対12と完敗しました。先発した櫻井が打たれて、「この悔しさは夏に晴らすぞ」と言っていたんです。

そこにきて17年の春の東京大会の決勝で、三高は清宮のいる早実と3度目の対戦になりました。ただこのときは夏に早実と当たったときに備えて、あえて「櫻井を登板させない」ことにしたんです。櫻井以外の投手を投げさせて乗り切ろうと思ったところ、早実打線に打たれまくった。三高も負けじと攻めたんですが、最終的には17対18という超乱打戦で早実に負けて準優勝に終わったんです。

前田　このときはたしか神宮球場で18時試合開始だったんだよね。ナイトゲームで多くのお客さんが来て、夜のニュースでも報道されていたからよく覚えていますよ。

小倉　あとになって神宮球場よりはるか外の、銀杏並木のほうまでお客さんが並んでいたと聞きましたから、試合前から相当盛り上がっていたんですよね。試合が終了したのもかなり遅い時刻でしたし、早実に負けた悔しさと夜遅くまで試合をやっていたのとで、自分も含めて全員がクタクタになっていましたね。

近年は東海大菅生との勝負が甲子園出場のカギに

前田　ただこの年の夏は、ベスト8で東海大菅生に足元をすくわれたよね。

小倉　0対5の完敗でした。菅生はこのあとも勝ち進んで、決勝で早実と当たって6対2で勝って甲子園出場を決めたんです。2回戦から出場して勝ち進み、準決勝で優勝した花咲徳栄（埼玉）と当たって9対6で敗れたんですけど快進撃でしたよね。

あとになって思ったのは、春の決勝で櫻井を温存したことです。あのとき櫻井を登板させて、勝っていたら菅生とは逆のブロックになった。そうなっていたら結果はどうなっていたんだろう？　というのは、今でも頭をよぎります。
前田　春の決勝で櫻井君を温存したくなる気持ちもわかる。夏のことまで想定して「早実には見せたくない」と考えたくなるのは、私でも同じかもしれない。ただ、それ以上に菅生は強かった。そのことは褒めたたえるべきなんじゃないのかな。
小倉　本当におっしゃる通りです。菅生とは甲子園出場を懸けて常にいい勝負をしていましたし、ライバルと言っていい試合がたくさんありました。
前田　本当だね。この翌年以降も、18年夏が準決勝で菅生と当たって、9対6で日大三の勝ち。19年春は準々決勝で、12対5で菅生の勝ち。同じく19年秋は3回戦で当たって、7対5で日大三の勝ち。20年秋は決勝で当たって、6対1で菅生の勝ち。22年夏も決勝で当たって、6対2で日大三の勝ち。同じく22年秋はベスト4で当たって、3対2で菅生の勝ち。
対戦成績は日大三の3勝4敗ということになるんだけど、17年夏もそうだし、18年夏、20年秋、22年夏、22年秋と、5度も甲子園出場につながる対戦だった。
小倉　19年秋の3回戦は、前田先生と戦った神宮第二の最後の試合（準々決勝で対戦、2対1で帝京の勝ち）があったときです。もしもここで菅生に負けていたら、帝京と対戦できなかったことになります。
前田　ああそうか！　それは貴重な勝ち星だったんだね。でもそのあとの3回はすべて甲子園出場が懸かっていたわけだ。

小倉　そうなんです。20年と22年の2回の秋は、センバツがかかっていましたから必死でした。22年秋の準決勝での戦いは、最後の最後まで試合の行方がわからない展開でしたが、三高がいい攻撃を仕掛けたんですが、相手の好守備に阻まれたという形になって負けてしまい甲子園出場を逃しました。重ね重ね悔しかったですね。

前田　実は私も菅生については思い出があるんだ。3年前の20年夏。このときは新型コロナウイルスの影響で甲子園大会が中止になって、東京都で独自大会を開催することになった。東東京は帝京が決勝まで進出して、関東一に3対2で勝って優勝を決めたんだけど、西東京は東海大菅生が優勝して、東西の東京で頂点を決める決戦に臨んだんだ。

試合は帝京が2対0でリードしたまま9回裏を迎えたんだけれども、ここで菅生の反撃を食らって同点に追いつかれた。最後は無死三塁からセンター前にタイムリー安打を打たれて2対3で帝京が敗れた。

小倉　あと一歩のところだったんですよね。

前田　悔しかったけど、いい試合ができたことには満足していた。この年の3年生は十分に練習ができない時期もあったし、何よりも夏の甲子園そのものがなくなってしまった。その分を取り戻すことはできなくても、独自大会で東東京を制することができて「優勝」という勲章を手に入れることができた。それで私自身は満足していた部分もあったかな。

小倉　この年のコロナは本当にどうすることもできなかったですからね。甲子園出場の夢が果たせなくなった以上、どこかでふんぎりをつけるしかなかった。自分たちは西東京の準々決勝で佼成学園に負けてしまいましたが、コロナで練習が満足にできなかった分を差し引いても、いつもの年のように選手たちが熱く燃える夏を過ごしてくれたことに感謝しているんです。

伝統を受け継いできたからこそ、ライバルと熱戦が繰り広げられる

前田　こうやって振り返ってみると、お互い長く監督を続けていくなかで、東京を勝ち抜くのはライバルに勝たなければ厳しいんだなということがよくわかりますね。

小倉　前田先生は早実、自分も三高の監督になってからは早実は意識していましたね。

前田　晩年は東海大菅生というところかな。

小倉　そうですね。菅生を倒さなければ甲子園には行けない。そのことは菅生も同じだと思いますが、今後もこうしたライバル関係は続いていきそうですね。

前田　今の東（東京）は二松学舎大附であり、関東一だな。この2校が頭一つ抜けて、帝京

以下の学校が続いていくという感じだ。ただ、これだっていつまで続くのかはわからない。ひょっとしたら違う学校が実力を伸ばしてくるかもわからないし、そうなると勢力図も大きく変わってくる。

小倉　そのためには、これまで勝ち続けている学校が、いい伝統を先輩から後輩たちに受け継いでいきながら前に進んで行くこと。ここで言うところのいい伝統とは、練習方法であったり、先輩と後輩の関係であったり、合宿所でのルールであったり、野球部の活動全般にかかわることです。そのどれか一つでもおろそかになってしまったら、いい伝統というのは崩れてしまう。三高が長きにわたって甲子園出場を狙える位置に居続けることができたのは、いいライバルが存在したこともありますが、まずは自分たちの足元を見つめ直したということもあると思うんです。

前田　それは言える。ここでは早実を中心に話を進めてきたけど、早実は夏の第1回大会から出場して、今日にいたるまでいい伝統を受け継いできたからこそ、伝統校、そして名門校と言われているんだ。

小倉　そうですね。けれどもこうしたライバル関係というのは、東京の「いい伝統」として後世に受け継いでもらいたいですね。

資料2 両監督　夏の甲子園大会東京予選(東・西)の成績

前田三夫	西暦	小倉全由
3回戦敗退(0−3 足立)	1972	
4回戦敗退(0−1 豊南)	1973	
ベスト8敗退(1−2 日大一)	1974	
ベスト4敗退(3−10 早稲田実業)	1975	
4回戦敗退(1−5 日大一)	1976	
決勝敗退(4−12 早稲田実業)	1977	
決勝敗退(10−13 早稲田実業)	1978	
4回戦敗退(0−4 攻玉社)	1979	
ベスト4敗退(0−4 早稲田実業)	1980	
3回戦敗退(5−12 城西)	1981	関東一高
ベスト4敗退(1−2 修徳)	1982	ベスト8敗退(2−3 修徳)
優勝(3−2 関東一)	1983	決勝敗退(2−3 帝京)
ベスト4敗退(0−10 二松学舎大附)	1984	4回戦敗退(10−12 城西)
決勝敗退(5−12 関東一)	1985	**優勝(12−5 帝京)**
ベスト8敗退(1−3 早稲田実業)	1986	決勝敗退(0−10 正則学園)
優勝(14−6 修徳)	1987	ベスト8敗退(5−12 修徳)
ベスト4敗退(4−5 日大一)	1988	ベスト8敗退(1−8 帝京)
優勝(9−6 岩倉)	1989	
3回戦敗退(9−10 早稲田実業)	1990	
優勝(13−3 日大一)	1991	
優勝(10−2 二松学舎大附)	1992	
ベスト4敗退(4−8 修徳)	1993	決勝敗退(6−7 修徳)
決勝敗退(2−4 関東一)	1994	**優勝(4−2 帝京)**
優勝(15−13 早稲田実業)	1995	ベスト4敗退(2−9 早稲田実業)
4回戦敗退(4−5 東京実業)	1996	5回戦敗退(3−5 世田谷学園)

		日大三高
ベスト4敗退(2−12 早稲田実業)	**1997**	ベスト4敗退(4−6 堀越)
優勝(8−3 二松学舎大附)	**1998**	ベスト8敗退(2−8 国学院久我山)
ベスト8敗退(2−6 駒大高)	**1999**	**優勝(8−6 国学院久我山)**
5回戦敗退(5−15 日大豊山)	**2000**	5回戦敗退(6−8 法政一)
ベスト8敗退(5−6 岩倉)	**2001**	**優勝(9−6 東亜学園)**
優勝(6−3 二松学舎大附)	**2002**	ベスト4敗退(2−3 日大鶴ヶ丘)
5回戦敗退(5−10 東京実業)	**2003**	**優勝(4−3 東海大菅生)**
5回戦敗退(5−7 修徳)	**2004**	**優勝(11−3 穎明館)**
ベスト8敗退(0−2 日大豊山)	**2005**	**優勝(13−2 明大中野八王子)**
優勝(5−3 国士舘)	**2006**	決勝敗退(4−5 早稲田実業)
優勝(4−2 修徳)	**2007**	ベスト4敗退(6−10 創価)
4回戦敗退(5−9 関東一)	**2008**	ベスト4敗退(2−6 早稲田実業)
優勝(24−1 雪谷)	**2009**	**優勝(19−2 日大二)**
5回戦敗退(6−14 国士舘)	**2010**	ベスト4敗退(5−6 日大鶴ヶ丘)
優勝(6−1 関東一)	**2011**	**優勝(2−1 早稲田実業)**
ベスト4敗退(2−5 国士舘)	**2012**	**優勝(2−1 佼成学園)**
5回戦敗退(2−4 修徳)	**2013**	**優勝(5−0 日野)**
決勝敗退(4−5 二松学舎大附)	**2014**	ベスト4敗退(6−12 東海大菅生)
ベスト4敗退(3−8 関東一)	**2015**	ベスト4敗退(0−2 早稲田実業)
ベスト8敗退(6−7 城東)	**2016**	ベスト4敗退(2−4 東海大菅生)
ベスト8敗退(3−4 東海大高輪台)	**2017**	ベスト8敗退(0−5 東海大菅生)
ベスト4敗退(2−7 小山台)	**2018**	**優勝(5−3 日大鶴ヶ丘)**
ベスト8敗退(0−1 日大豊山)	**2019**	ベスト8敗退(4−6 桜美林)
優勝(3−2 関東一)※	**2020**	ベスト8敗退(2−3 佼成学園)※
ベスト4敗退(2−4 二松学舎大附)	**2021**	ベスト4敗退(3−4 国学院久我山)
	2022	**優勝(6−2 東海大菅生)**

※は新型コロナウイルスの影響によって、夏の甲子園および甲子園予選が中止。代わりに東京都独自の大会が東西で開催された

第4章

甲子園で戦ったあの名将、あの選手たちとの思い出

昭和編

屈辱的大敗、決勝戦直前の誤情報……
甲子園で学んだ多くのこと

帝京が初めて甲子園に出場したのは1978年の春。第50回大会のことだった。それから80年春、83年春夏、85年春と出場。80年と85年は準優勝に輝いた。81年に関東一の監督に就任した小倉は、85年夏の東東京予選の決勝で帝京を倒して悲願の初出場。甲子園では準々決勝まで勝ち進んだ。ここでは甲子園に出場して以降の時代について語ってもらった。

会ったとき、すでに「負け」を覚悟した

前田　私にとって甲子園というのは、選手だけではなく、監督、私自身も成長させてくれる場所だと思っていた。うれしさや喜びも当然あったんだけれども、悔しさや難しさ、野球の奥深さというものを味わった印象が強いね。

小倉　指導者として甲子園に出場して学ぶべきポイントはそこですよね。

前田　初出場となった78年のセンバツの1回戦での小倉との試合では、ほとんど何もできずに0対3で敗れた。でも、監督就任7年目で甲子園という大舞台の土を踏めたことは大きかった。「あらゆる野球を経験して学んでいこう」とあらためてそう考える、いいきっかけになった。

なかでも私がとくに印象に残っているのは、83年春のセンバツでの徳島の池田との対戦。相手の蔦文也《つたふみや》監督（2001年4月死去）には驚かされることばかりだった。

実際に試合になると、ベンチで足を投げ出して、帽子を取ってサッと下から上に振ると、「ホームランを打て」の合図。それで選手が思い切りフルスイングして本塁打を打ってしまっていたんだから、これはもう驚きを通り越して呆気にとられるしかなかったね。

小倉　前年の夏に当時エースナンバーをつけていた畠山（準《ひとし》。南海ホークス〈現・ソフトバンク〉・1982年ドラフト1位。現・DeNA球団職員）、当時2年生だった水野（雄仁《かつひと》。巨人・83年ドラフト1位。現・巨人スカウト）、江上（光治。早稲田大－日本生命）らが中心に打線が組まれていた。俗に言われる「やまびこ打線」は、彼ら3人なしでは考えられません。

前年はベスト8で早実の荒木と対戦して、14対2で池田が快勝し、早実初の夏の優勝の夢を打ち砕いてしまった。その破壊力は畠山が抜けた翌春、つまり前田先生が戦ったときにもまだあったということになるんでしょう。

前田　今でもよく覚えているのは、蔦さんと初めて会ったときのこと。抽選で池田と当たることが決まると、大会が始まる前に主催の毎日新聞社がセッティングして、対戦校の監督との対談が行われる。そのとき蔦さんとお会いした途端、「あっ、この人には勝てない」というオーラを感じてしまったんだ。

小倉　それはどこで感じたのですか？

前田　なかなか言葉にするのは難しいけど、「格が違う」といった感じ。私も前年秋の東京大会で優勝して、戦力的にも見劣りしないからそれなりに自信があった。けれども蔦さんと対面したときに、帝京のことを「強い。こりゃあ勝てんわ」と笑いながら持ち上げてくれる。

でも私は見逃さなかった。蔦さんの顔はたしかに笑っているんだけれども、目の奥は笑っていなかった。そこに怖さを感じた。それでいて結果は0対11のワンサイドゲーム、一方的な負けでしょう。大会前、帝京はメディアから「東の横綱」と評価されていたんですが、あまりの大敗に終わってから、ずいぶんスポーツ紙に叩かれましたよ。

「やまびこ打線と剛腕・水野に帝京手も足も出ず」ならまだいいほうで、「いいところなく敗れ去った」「東京っ子のひ弱さがすべて露呈した試合」とも書かれた。挙句、「これで『東の横綱』と言えるのか」とまで書かれてしまった。いやいや、「東の横綱」というのは、あなた方が勝手に付けたネーミングでしょうって言いたかったんだけど（笑）。そうやって、池田が賞賛された裏で帝京は「何やっているんだ」と叱責されたんだ。

小倉　甲子園で0対11は屈辱的なスコアですよね。とくに0で終わるというのは、それだけ水野投手もよかったということでしょう。

前田　水野もよかった。右腕を担ぎ上げるような独特の投球フォームで、帝京の打者の胸元をこれでもか、これでもかというくらいに攻めてくる。それで打ち気にはやったと見るや、ストンと落ちるボールを投げて打者を幻惑してくる。池田の打線を抑えることもできないのに、投手もいいとなればもうお手上げ状態だった。

小倉　そうなると注目されるのは蔦さんの指導力ですよね。投打ともに圧倒されるほどの力を他の学校に見せつけた。初戦の帝京戦が衝撃的なスコアだっただけに、余計に池田のすごさが注目された大会でしたよね。

野球観を変えさせた攻撃的な野球

前田　屈辱的な敗戦後、私は蔦さんのことを知りたくなって、この年の春の四国大会を見に行った。たしか愛媛県の松山市内の球場だったと思うんだけれども、池田の試合のときに私がバックネット裏の席に座って見ていたら、ベンチにいる蔦さんと目が合ったんだ。すると近くにいた野球部長に何やら耳打ちをした。おそらく私が来たことに気がついて話していたんでしょう。監督としてキャリアを積み重ねていた80年代当時、こうした大監督と対戦できたことはのちの指導に非常にプラスになった。

小倉　現地まで観戦に行かれたというのは初めて聞きました。それまで前田先生は足の速い選手を揃えて盗塁させて、そこからチャンスを拡大させて得点を奪うという攻撃をされていましたよね。

前田　たしかに私は足技が好きだった。塁に出たら盗塁させたり、ヒットエンドランを仕掛けてみたりする。ときにはバスターやバントエンドランなんてこともやってみては、相手ベンチをかく乱してやろうと試みた。

とくに足技が有効だったのは、試合が停滞しているとき。お互い投手がよくて0対0の膠《こう》着《ちゃく》状態が続いて試合の中盤まで進んだとき、「アウトになってもいいから、仕掛けていこう」と言って選手を動かし続けた。そうすると、事態が打開するということが何度も起きた。監督になって20代から30代前半にかけての頃は、そうした野球をしてきた。

ところが池田と対戦して、私の考えが甘かったことを痛感させられた。フルスイングしてバットにはじかれた打球が、いとも簡単にオーバーフェンスしていく。当時の甲子園球場はレフト、ライトともにラッキーゾーンがあったんだけれども、池田の各打者はそれを軽々と越えてスタンドインさせていたんだから驚いた。間違いなくそれまで持っていた私の野球観を変えさせる一戦だったことは間違いない。

小倉 たしかにあのスイングスピード、コンタクトしたときの打球の速さと遠くに飛ばす力を見せつけられて、「金属バットはこう使うんだな」ということを学びました。それまでは各校ともに木製バットの延長線上で打撃をしているように思いましたが、池田はまったく違った。体に筋肉をつけてパワーアップさせて、どんなに速いストレートでもいとも簡単にはじき返していましたからね。「これからの高校野球は筋力アップも欠かせないな」ということも教わった気がしました。

その違いに気づき、思い立ったこと

前田 私はさらに蔦さんのことを知ろうと考え、蔦さんのことが書かれた書籍に目を通した。そうしたら太平洋戦争では特攻隊員として2度の出撃命令が出ながら、飛行機が不足していたために命拾いをした。戦後の物資もまだ十分ではない環境のなかで、わずか1年ながらプロ野球の世界も経験された。帰郷してからは当時無名だった池田の監督を引き受けたものの、バット2本と硬式のボールがわずかに3つしかなかったこと。粗末な環境のなかでの指導。あと一歩のところで甲子園出場を逃し、なかなか勝てずに苦悶していた日々……。

「これだけ人生で相当な経験を積んでこられているのだから、私なんかが太刀打ちできるはずがない」と心底そう思ったんだ。

私は、それまで甲子園に出たい一心で野球を続けてきた。けれども蔦さんは違う。プロ野球も経験された一方で、戦争では特攻隊に入隊し、「命を落とすことになるかもしれない」という覚悟のもとで戦地へ赴いた。結果的に出撃する前に終戦を迎えられたんだけれども、死と隣り合わせの状況のなかで時間を過ごされた。

そのことを考えると、私の「甲子園で優勝する」という目標がとてもちっぽけなものに思えてきたし、この先も蔦さん率いる池田と対戦したとき、勝つことは決して容易ではないなと悟ったんだ。

小倉　戦地に出て死と向き合い、生き残った経験をされるなんて、自分には考えられないことですが、蔦さんは想像を絶するご経験をされたんだなと思います。

前田　そこで私が思い立ったのは、「教職を取ること」だった。恥ずかしながら私は勉強が苦手だったけど、「苦手なものに挑戦して克服すること」で、人間的に大きく成長することが大切だと考えた。選手を指導していても、野球のことしか知らなければ、俗に言う「野球バカ」になってしまう。それだけは避けたかった。教職を取って一教師として選手と向き合うことが、私に最も必要なことだと思ったんです。

小倉 考えさせられますね。高校野球の指導者で苦手なものに挑戦するという発想を持った人はあまり聞いたことないですからね。

前田 もう一つ。なんと言ってもウエイトトレーニングの導入を決めたのも、池田との大敗がきっかけだった。帝京と比べて池田の選手はみな体格がしっかりしていた。池田は、蔦さんが積極的にウエイトトレーニングを選手にやらせていたけれども、これによってやまびこ打線の礎《いしずえ》をつくったことは間違いない。

小倉 私ももう少しあとの話になるんですが、当時西武ライオンズの管理部長をやられていた、三高OBの根本陸夫(日本大-法政大-コロムビア-近鉄パールス〔現・オリックス・バファローズ〕。99年4月死去)さんが、「高校生は下半身周りが立派だけれども、上半身があまりにも細すぎる」って嘆いておられたんです。その言葉を聞いて、高校生の段階からある程度のウエイトトレーニングはやらせる必要があるんだって思いました。それから、本格的に導入していったんです。

決勝前、メディアの誤報で気持ちが混乱した

前田　そうして私自身、まだまだ発展途上の段階ではあったけれども、この2年後の春のセンバツの準決勝で再び池田と対戦した。このときは小林昭則の頑張りもあって、1対0の投手戦で勝つことができた。水野のときのチームと比較すると破壊力はなかったけれども、打てないなら打てないなりの守りの野球ができることも池田は見せてくれましたよ。

小倉　池田を破って2度目の決勝進出だったんですよね。このときの伊野商業（高知）戦で印象に残っていることはありますか？

前田　伊野商業との試合前、メディアの人たちとその後の命運を左右するやりとりがあったんだ。この日は朝から雨が降っていた。グラウンド状態もよくなくて、甲子園に到着してからも、「本当にこの日は試合が実施されるのかな？」と私自身も半信半疑だった。

それからしばらくして、一部のメディアの人たちから「今日は中止らしい」という声が聞こえてきた。私をはじめ、帝京の選手たちの耳にもその声が届いた。

「中止だというなら、今日は早く宿舎に戻ろう」、私自身もそう考えて選手たちに道具の片付けをさせていたんだ。

それから少し経ってから、高野連の大会関係者から「今日は試合を行います」という通達があった。私と選手たちはみな帰り支度をしていたものだから、「えっ、本当にやるんですか？」と大会関係者に聞き直したんだけれども、「やります」と言う。

それから試合に向けてあらためて気持ちを高めようとしたんだけれども、一度「今日はない」と気持ちを切らせてしまったから、みななんだかフワフワした気持ちのなかでプレーをしていた。

前田 一度切れた気持ちをつなぎ直すって、なかなか難しいことですよ。ましてや高校生。「さあ、やるぞ」と言っても、簡単にはいかないでしょう。

小倉 言い訳に聞こえるかもしれないけれども、どうしても試合に集中していけなかったんですね。たしかに伊野商業の渡辺（智男《とみお》。NTT四国－西武・88年ドラフト1位。現・西武スカウト）はストレート、変化球ともキレがあっていい投手だった。準決勝でPL学園と対戦したとき、清原（和博）から3三振を奪って話題になったけれども、狙い球を絞って接戦に持ち込んでいけば勝機はあると見ていたんだ。

でも試合前のプランを実践できなくなるくらい、選手は試合に集中できていなかった。それがそのまま結果になって表れ、0対4という負けにつながってしまった。

小倉 「雨天中止だ」と言ったメディア関係者も何を聞いてそう発言したのかが問われますが、

高野連からのお達しが正解ですからね。その点の情報収集が不足していたのかもしれません。

前田　そこなんですよね。「今日は雨で試合がないんだ」と心に隙をつくってしまったのが原因だったんだけれども、思い返せば、「今日は中止らしいよ」と言っていたのは、メディアの人であって、大会関係者ではなかった。本来であれば中止の声を聞いたときに、私が大会関係者に確認をすればよかったんだけれども、そうはしなかったし思いつかなかった。今でもそのことは反省しているし、選手たちにも申し訳なかったと思っている。試合が実施されるかどうかを、メディアの人たちではなく、大会関係者の声を聞いて確認しなければならない。このことを当時は学んだし、今の若い指導者たちにも伝えておきたいね。

勇気づけられたある監督のひと言

前田　小倉さんはこの年（85年）の夏、帝京を破って初めての甲子園出場を果たしましたね。実際、チーム力として何か手応えはあったの？

小倉　実はこの年の6月に、東北（宮城）と練習試合をしたんです。そのときエースだったのちの〝ハマの大魔神〟佐々木主浩《かづひろ》（東北福祉大－大洋ホエールズ〔現・DeNA〕・89年ドラフト1位）は投げなかったんですが、二番手だった葛西（稔。法政大－阪神・同年同1

位。現・阪神スカウト)が投げました。試合後に相手の竹田利秋監督(のちに仙台育英〔宮城〕監督、現・国学院大硬式野球部総監督)から、「もし甲子園に行ったら、関東一はベスト8まで進むだけの力があるかもしれない」と言われたことをよく覚えています。

前田 一度も甲子園に出ていない学校に対して、甲子園を何度も経験している監督さんからそう言われたら自信を持つよね。

小倉 竹田監督の言葉は、甲子園に来てからも脳裏に残っていました。実際、この年の夏は、初戦が花園(京都)との初出場同士の対戦で、田辺(昭広。明治大)が2打席連続本塁打を打つなどして、18安打12得点で大勝したんです。続く2回戦の国学院栃木(栃木)を4対3、3回戦の日立一(茨城)を4対0で完封して準々決勝に進出。竹田監督の言葉通りになったんです。

前田 あのときの快進撃は私も覚えていますよ。

小倉 そうして臨んだ東海大甲府(山梨)との試合でしたが、思いもよらぬ出来事が待っていました。3対4と関東一が1点ビハインドから7回裏、8回裏にそれぞれ2点ずつ取って逆転して、9回表の東海大甲府の最後の攻撃になったんです。そこで一死一、二塁という場面をつくられたんですが、続く打者がショートへゴロを打って、6-4-3のダブルプレーが成立……かと思ったら、ショートの前で大きく跳ねて外野へ抜けたんです。するとセンターを守る寺島（一男。日本大）もダブルプレーで試合が終わると思っていたので、この打球のバックアップに行っていなかった……。それをきっかけに4点を取られて逆転されて、結局7対8で敗れてしまったんです。

前田　勝負は最後の最後まで何が起きるかわからない。「勝った」と思った時点で、一瞬の隙が生まれたんだね。

小倉　今でもあのシーンは思い出します。「あの場面、ダブルプレーでゲームセットになっていたら、次は宇部商業と戦っていたんだな」と思うと悔しかったですね。

前田　甲子園は自分の想定通りに事が運ばないという怖さがある。初出場の甲子園で初勝利、初ベスト8、初逆転負けと、いろんな経験が積めたことは、小倉さんにとって財産になったんじゃないのかな。

小倉　たしかにそれは言えますね。とくにあの世代は、東東京予選の決勝で難攻不落と思われた帝京に勝って甲子園に来ていましたから、「帝京以上の強敵はいない」という思いもありましたからね。選手たちがハレの大舞台で臆することなく堂々と戦えたのは、帝京との決勝戦を経験していたことも大きかったと思います。

肉体面、精神面の甘さを取り除くのに必死だった

前田　翌86年、87年と2年続けて小倉さんが率いた関東一と一緒に春のセンバツに出場したけれども、86年は揃って初戦敗退。87年は帝京がベスト8で関東一が準優勝でしたね。

小倉　そうでしたね。あのときバッテリーを組んだ平子（浩之。東洋大）と三輪（隆。明治大－神戸製鋼－オリックス・93年ドラフト2位。現・オリックススコアラー）を中心に、ベスト8くらいまでは行くんじゃないかと思っていましたが、その上を行ってくれました。

前田　私はとにかく芝草（宇宙《ひろし》。日本ハム・87年ドラフト6位。現・帝京長岡〔新潟〕監督）を徹底的にしごいた思い出がある。入学前に彼に会ったとき、一人っ子でお父さんの陰に隠れている姿を見て、「うちでは難しいな」と思っていた。けれども芝草本人と彼のお父さんが、どうしても帝京でやりたいと言う。結局、野球部への入部を認めたんだけれども、体の線が細く、食事を積極的に摂ろうとしていないのも気になったんだ。

小倉　彼の投手としての総合的な能力はどうだったんですか？

前田　投げる球質はよかったから、うまく鍛えれば面白い投手になるかなという期待はあったんだ。けれどもそれ以上に、栄養価の高い食事を摂っていないことが気になっていた。芝

草は実家ではなく、学校から近い祖父母が住んでいたマンションから通ってきていたんだけど、彼のおばあさんに食事をしっかり摂っているのか聞いたら、「家に帰るとコーラを飲んで、ご飯はお茶碗1杯しか食べない」と言うんだ。

そこからは彼と食トレをやったね。毎日お弁当をしっかり食べているか、弁当箱を持ってこさせてチェックして、チームメイトの誰よりも多く走り込みをさせた。今の時代にやらせたらアウトかもしれないけど、私は徹底的に彼を鍛えましたよ。

小倉　高校生の段階では、考え方がしっかりしていて自主的に鍛えている生徒と、そうでない生徒がいる。このときの芝草君は、考え方のところでまだ甘いところがあったんでしょう。

前田　普段の気の弱さというのは試合に必ずと言っていいほど顔を出す。具体的には、ピンチになるとチラチラとベンチに視線を送る。「まだ代わらないんですか？」「いつ代えてもらえるんですか？」と弱気になっている様子がよくわかった。彼が2年生の秋の東京大会は優勝して、明治神宮大会も初めて制したけれども、投手陣の防御率は3・14。結果から言えば、翌87年春のセンバツに出場した32校中31番目の数字だったから、評価は低かった。

小倉　たしかにこのときの帝京の投手力の下馬評は低いものだったように記憶しています。

前田　だからこそ、この年の冬には徹底的に芝草を鍛えた。おそらく本人も、「自分だけ、どうしてこんなに厳しくされなくちゃいけないんだろう」と感じてもおかしくないくらい追い込んだんだ。すると、センバツを直前に控えた3月上旬に、レギュラークラスの打者を相手にシート打撃で投げさせたら、ことごとく詰まらせていた。「これは行ける」と私は確信しましたよ。

甲子園で評価を一変させる

前田　またメディアの話になるんだけれども、小倉さんの言う通り、このときの下馬評で帝京は決して高い評価ではなかった。それどころか、「弱点は投手力にあり」とはっきり書かれていた。だから初戦の前夜、私は芝草にこう言ったんだ。

「みんなお前のことを『大した投手じゃない』と思っている。この冬鍛えた成果を、甲子園のお客さんの前で披露してきなさい」

このときの帝京は大会初日の第2試合に金沢（石川）と対戦したんだけれども、芝草は自信を持って内角にズバズバ投げていた。金沢打線も前評判の芝草と違うと感じていたんだろう、打ち取られてベンチに戻っていく選手の姿を見ていたら、「あれ、おかしいな？」と首をかしげていたんだ。ひと冬で芝草は本当に大きく成長してくれたことがうれしかった。

ただ、8回までは無失点に抑えてくれたけど、9回はバタバタして金沢打線に2点取られて追い上げられた。それでも最後は逃げ切って、3対2で勝つことができた。「8回まではは新しい芝草、9回は昨年までの芝草」が顔をのぞかせたけど、これを糧にさらに成長してくれることに期待しましたね。

小倉　たしかにそこまでいいほうに変わってくれると、もっと期待したくなりますよね。

前田　2回戦の京都西（京都。現・京都外大西）は難敵だと思っていた。前年秋の近畿大会で優勝していたし、新チームを結成してから公式戦で負けていないということもあって、優勝候補に挙げられていた。ところが芝草はひょうひょうと投げて3対0の完封勝ちをしたんだよ。そうしたら大会前にあれだけ懐疑的に書いていたメディアがこぞって、「強打の帝京から『投手力の帝京』にモデルチェンジ」と褒めてくれたんだ。

芝草は「評価を一変できた」ことが自信になった。準々決勝でPL学園に負けたけど、完成されたチームのPLと、未完成の選手が多かったうちとでは、初めから差があることは百も承知だった。それを延長11回まで戦って、2対3で敗れたもんだから、「夏に向けて課題を克服して、もう一度甲子園に来よう」という雰囲気がチーム内にはありました。

小倉　このときの帝京は強かった。外から見ていても「鍛えられているな」「チームに一体感があるな」というふうに自分は見ていました。

前田　あのとき（87年夏の甲子園）は第1試合で東北と対戦したんだけれども、正直なところ芝草は万全のコンディションではなかった。センバツが終わったあとに背筋を痛めて、存分に練習できない時期があった。痛めた箇所が箇所だけに、長いイニングを全力で投げさせると、また痛みがぶり返してしまうかもしれない。その不安との戦いもあった。

けれども芝草は最後まで、しかも無安打に抑えてくれた。5年ぶり20人目のノーヒットノーランと聞いたので、「お見事！」と言いたいところだったけれども、この試合では1、2番に2つずつ、6番から9番まで1つずつ、合計8つも四死球を出していた。東北打線を圧倒して抑えたというよりも、「ヒットを打たれなかった」という展開に持ち込めた試合だった。そう言いながらも私は途中から「この子は強運があるかどうか、占ってみよう」と思って、最後まで前年春のセンバツでマウンド経験のあった平山（勝。青山学院大）に代えようとは思いませんでしたけどね。

小倉 甲子園で相手打線を抑えるだけでもたいへんなことなのに、ノーヒットノーランを達成するなんて、まさしく本物の証拠ですよ。

前田 続く3回戦の横浜商業（神奈川）との試合は1対0、準々決勝の関西は5対0と、3試合連続完封をやってのけたから、「これはいけるかも」という期待があった。ただ、その夢を打ち砕いたのは、またもやPLでしたね。

目の前に立ちはだかった「大人の選手」

前田　小倉さんもこの年の春のセンバツの決勝でPLと対戦していたよね？

小倉　あの年のセンバツで関東一は3度目の甲子園にして初めて決勝まで進んだんです。相手のPL学園は大会前から優勝候補に挙げられていたんですが、自分が驚いたのは立浪（和義。中日・87年ドラフト1位。現・中日監督）のプレーでした。

試合前のシートノックで、華麗なグラブさばきから送球までの一連の流れを見て、「うちの選手とは大人と子どもほど違うな」というのを見せつけられましたし、実際、選手たちにも「ショートの立浪の動きを見ておけ」とベンチで声をかけるほどでした。

試合が始まると、PLの隙のない攻撃を見せられました。1回裏のPLの攻撃で、3番の立浪が四球で出塁した。続く4番の深瀬（猛。専修大－JR東日本）が、投手の平子と捕手の三輪の間にフライを打ち上げたんです。どちらかが普通に捕ればアウトでしたが、お互いにお見合いをしてしまった。このとき三輪がボールに触れなかったのでファールのジャッジになったんですが、一塁走者の立浪が三塁を回るところまで到達していたんです。

普通はこうしたフライが上がったときには、走者は「投手か捕手のどちらかが捕って終わるだろう」と自己判断をして、走るスピードをゆるめてしまう。けれども立浪は違った。ボールカウントが3ボール2ストライクというカウントだったこともあって、スタートを切っていたことはあるにせよ、フライが上がったときに「何が起きるかわからない」と判断していたんだと思うんです。そうでなければお見合いして打球がグラウンドに落ちた時点で、三塁ベースを過ぎてホーム近くまで来られない。これを見たときに、

「PLはただ野球がうまい選手が揃っているだけじゃない。野球のありとあらゆる可能性を想定していなければ、あの走塁は生まれない」

ということをひしひしと感じましたね。

この直後、深瀬にセンターオーバーの二塁打、続く野村(弘〈現・弘樹〉。大洋・87年ドラフト3位)にも二塁打を打たれて2点先制され、試合終盤の7回には3点、8回にも2点を奪われて、1対7で関東一が敗れました。試合が進むにつれて、地力の差を嫌というほど痛感させられました。

試合以外でも感じたそのすごさとは

前田　私もこの年、春の準々決勝でPLと当たったけれども、とにかく粘り強かった。1対

2でリードされていて9回に同点に追いついたけれども、11回裏のPLの攻撃でワンアウト後に立浪がライト前にヒットを打った。ツーアウト後に岩崎（充宏。青山学院大－新日本製鉄名古屋）がライト前へ浅いヒットを打って立浪が三塁へ。その後の打者に初球をライト前に打たれて万事休すとなった。

小倉　本当に立浪だけは高校生のなかに大人が交ざっているような選手でした。

前田　PLとは夏も再び甲子園で対戦したんだけれども、立浪にやられたんだ。1回表のPLの攻撃でワンアウト三塁という場面で、3番の立浪に打順が回ってきた。3球目に芝草が投げた変化球を思い切り引っ張られてライトスタンドまで運ばれた。それでPL打線が勢いづいて、4回までに8点を取られて、最後は5対12の大敗だった。立浪には2点タイムリーも打たれて、いいところでやられたという印象が強い。

小倉　負けたから言うわけではありませんが、この年のPLは春夏連覇するだけの力がありましたね。

前田　立浪はプレー以外の面でも素晴らしかった。この年の日本代表のコーチに私が選ばれて合宿に行ったんだ。朝、ユニフォームを着ようと思って、洗濯置き場に足を運んだら、上下のユニフォームとアンダーシャツ、ストッキング、ソックスがきちんとたたんで置いてある。誰がここまでやってくれたのかと、選手たちに聞いたら「立浪ですよ」と言うんです。

「ここまで率先してできるPLの選手はすごいな」と感心していたのを、今でもよく覚えていますよ。

小倉　立浪の野球のプレーにおける目配り、気配りのきいた部分というのは、きっとそんなところからもきているんでしょうね。

このバッテリーがいたからこそ、センバツで準優勝できた

前田　少し話が変わるけど、この年、関東一にいたときの三輪君はいい捕手だったね。彼と小倉さんはどんな出会いだったの？

小倉　三輪は千葉の柏市内の中学の軟式野球部出身なんです。ちょうどこのとき、同じチームに三輪以外にも3人いい選手がいたんですが、その3人は印旛に進むと聞いていたんです。三輪はどうするのかと思っていたら、彼のお母さんが「関東一にしなさい。監督が若いし、これから伸びてくると思う」と本人にすすめてくれた。それで入ることが決まったんです。

前田　三輪君の魅力はなんと言ってもあの強肩だよね。

小倉　肩は抜群によかったですね。それと打撃も高校に入ってから成長しました。秋の東京大会が終わって、前田先生が中心となって東京都の選抜チームが結成されたとき、三輪も選

んでいただいたんですが、合同練習で三輪はいい当たりを立て続けに飛ばしている。それまで帝京の選手とはまだまだ差があるんじゃないかと見ていた自分からすると、「三輪は全国でも通用するんじゃないか」と思うようになりました。

そうして翌87年春のセンバツに関東一が出場したときには、5試合で19打数8安打2本塁打、打率4割2分1厘も打った。レギュラーとしては初めての大舞台でこれだけの結果を残した三輪の打力を見て、「大学でも通用する」という評価をしていました。

前田 エースの平子君とのバッテリーがよかったしね。

小倉 彼は墨田区の吾嬬《あづま》二中の軟式野球部出身だったんです。球はめっぽう速かったんですが、コントロールがよくなかった。2年生の夏の東東京予選の4回戦の都立両国戦で先発させたら、1回に3死球で一死取っただけでそのまま交代。それが翌春のセンバツの準優勝投手になるんですから、わからないものです。

前田 その間、小倉さんはどんなアドバイスをしていたの?

小倉 平子は、入部当時はオーバースローで投げていたんですが、夏に日大藤沢(神奈川)との練習試合で、8つも死球を出して大荒れだったんです。当時、監督でいらした香椎瑞穂さん(72年、日大桜丘〔東京〕を率いてセンバツ初出場初優勝。88年12月死去)から、「小倉君、彼をなんとかしてくれよ」と言われたんです。

そんなこともあって、「上からじゃなくて、横から投げてみたらどうだ」と言って投げさせてみたら、それまでとは比べものにならないくらいコントロールがよくなった。オーバースローだと腰の回転と腕の上げ下げがスムーズにいっていなかったんでしょうね。それがアンダースローだと見違えるほどよくなった。それで秋の東京大会、春と立て続けに好結果を収めることができたんです。

前田　平子君は性格がよくて、非常に気のいい選手でね。三輪君は反対に強気だったな。その組み合わせがバッテリーとして波長が合ってよかったんだろうね。

小倉　自分もそう思いますし、彼ら二人がいてくれたから、甲子園で準優勝できたんだと思います。

蔦監督からの忠告の意味

前田　小倉さんも平子君と三輪君のバッテリーで池田を倒したよね。

小倉　そうなんです。自分も87年春のセンバツの準決勝で池田と対戦して、7対4で勝ったんです。そうして試合後のメディアからのインタビューが終わると、池田の蔦さんが自分のところに来てくださって、あいさつをしたあと、こんなアドバイスをいただきました。

「小倉君、決勝まで進んだら、全国から招待試合の誘いが多くなるだろう。そのとき『エースが投げなくてもいいんだったら行きます』と答えるようにして、エースを守ってやらないとダメだ。それができるのは、小倉君しかいないんだから」

そう言われて、自分は蔦さんに「はい、もちろんそのつもりでいます」と答えたんです。

前田　昔は大黒柱を据えて戦う野球だった。それだけエースの投手に負担が大きかったんだけど、実際には難しい問題なんだよ。相手からすれば、甲子園で活躍したエースと対戦したいんだから、どうしたっていざ試合になると、「エースが先発で投げる」と思っている。

ところが実際に先発させるのは控えの背番号を背負っている投手だったりすると、相手は「なんだ」となってしまう。招待試合というのは相手の期待に応えたいと思う一方で、受ける側にも高いリスクがあるということを忘れてはいけないんだ。

小倉　まさにそうですね。このときで言えば、平子が投げてくるものだと思って試合を申し込んだら、違う投手が出てきた。そんなことになったら、「相手に対して失礼だ」という思いが頭をよぎってもおかしくないですからね。

前田　ただね、蔦さんの場合はどうだろう。あの人の場合は、それまでの実績と年齢があるから、「招待試合でウチのエースは投げさせない」と言って押し切っていたかもしれない（笑）。また、そう言われても誰も逆らえない貫禄と風格が蔦さんにはあったよね。

小倉　蔦さんがおっしゃったことは、自分でもわかっているつもりでした。エースに無理をさせてケガをさせてしまったら、元も子もありませんからね。

采配の失敗でその言葉の真意を思い知る

小倉　ただ、そう考えながらも大きなアクシデントが起きてしまって……。あれは関東大会の決勝で宇都宮南（栃木）と当たったときでした。相手の高村（祐《ひろし》。法政大－近鉄バファローズ〔現・オリックス〕・91年ドラフト1位。現・ソフトバンク投手コーチ）は前年のセンバツで準優勝していましたから、投手戦になる予想はしていました。

試合は最終回まで2対3でうちが負けていた。そうして一死一塁という場面で平子に打順が回ってきたんです。自分は「ここで勝っても甲子園とは関係ない」と思いながらも、「あわよくば勝ちたい」ということが頭の中をよぎった。それで平子に送りバントのサインを送ったんです。

するとと、高村のボールがインコースにきてしまい、それが平子の指に当たってしまった。検査をしたら骨折ですよ。試合もそのスコアのまま負けたので、変な欲をかかずに、「平子に打たせてゲッツーで終わってもいい」くらいに考えておくべきだったなと、あとになってから反省しました。

前田　エースが骨折！　その先の夏の東東京予選のことを考えると、本人も周りも相当痛いアクシデントだったね。

小倉　「蔦さんが言っていたのはこういうことだったのか」とそのとき初めて実感したんです。このときは公式戦ではありましたけれども、勝ったところで甲子園に出場できるわけでもない。残るのは「春の関東大会で優勝した」という記録だけです。前田先生がおっしゃるように、夏に向けて平子のコンディションを守ることのどちらが大切なのかを考えたときに、出てくる答えは「平子を守ること」の一択だったんです。

「もっともっと自分が蔦さんの言葉の真意を、深いところまで考えるべきだったな」と、今でもそう思っています。

前田　後悔先に立たず、とはまさにこのことだったようだね。

小倉　結果、平子は夏に間に合わなくなって、東東京予選では準々決勝で修徳に5対12で負けてしまった。「平子を出せば勝つ」と高《たか》をくくっていたことが裏目に出てしまったことを、自分は本当に反省しています。

第5章

甲子園で戦ったあの名将、あの選手たちとの思い出

平成・令和編

優勝を経験していくなかで、幾多の名選手と対戦する

1980年代から90年代にかけて前田率いる帝京が3度の全国制覇を成し遂げ、2000年代から10年代では小倉率いる日大三が2度の全国制覇を達成した。勝っていくなかで起きた対戦相手とのさまざまなエピソードについて、二人に語ってもらった。

ケガで暗雲が立ち込めた夏の東東京予選

小倉　前田先生が甲子園で初めて優勝したのは1989年夏でしたが、このときはメディアから「東の横綱」と言われて優勝候補の一角と見られていましたよね。

前田　「東の横綱」、ひびきはいいよね。悪い気はしないし、選手もその気になる。88年、ちょうど吉岡（雄二。巨人・89年ドラフト3位。現・富山サンダーバーズ監督）が2年の秋の

東京大会で優勝したんだけれども、明治神宮大会は昭和天皇の御不例のために中止になった。それで全国の力を知ることができなかったのは、正直痛手だった。

翌89年春のセンバツでは1回戦で報徳学園（兵庫）と当たったんだけど、吉岡の調子が悪くて7失点。吉岡の本塁打などで6点を取って追い上げたけどそこまでだった。それを、選手たちが悔しがってね……。そのあとの春の東京大会を制して関東大会に臨んだんだけれども、準決勝の横浜戦を4対5の接戦で落とした。このときは選手が泣いた。彼らが悔しくて涙する姿を見て、「夏は期待できるぞ」と思っていたんだ。

ところが、夏の東東京予選を直前に控えた7月上旬、東海大相模と練習試合をやったときに吉岡が9回を完封したんだけれども、最後の打者をファーストゴロに打ち取って一塁へベースカバーに入った直後、倒れてうずくまっていたんだ。足首が腫れちゃって、「夏は厳しいな」と半ば覚悟を決めたんだ。

小倉　先ほど、うちの平子（浩之）の話もしましたが、エースが夏の予選直前にケガをするのは大きな痛手以外にないですよね。

前田　でも吉岡は「なんとかしよう」と必死だった。同時に他の選手たちも春のセンバツで1回戦で負けた悔しさをずっと胸に秘めていて、「絶対夏も甲子園に行くぞ」と並々ならぬ覚悟を持って東東京予選に臨んだ。私は吉岡ではなく、控えの池葉（一弘。東洋大）を先発で起用して、吉岡は準々決勝あたりから起用するプランを立てていた。そうして決勝まで勝ち進んで、岩倉と対戦したときに吉岡を投げさせたんだけれども、やはり本調子ではなかった。けれども打線がカバーしてくれてね。どうにか甲子園の切符をもぎとることができたんです。

ケガで精神面が成長し、甲子園初優勝

小倉　吉岡君はケガを機に、精神面で何か大きな変化はあったんですか？

前田　このとき吉岡が精神面で大きく変わってくれた。彼自身、自分が甲子園に連れてきたという感覚はまったくなくて、「打線が援護してくれたから甲子園に来ることができた」という思いが強かった。甲子園に行ったときには、当時帝京の宿舎だった水明荘の近くにある武庫川のほとりで一生懸命ダッシュを繰り返して下半身強化に努めていた。

小倉　遅れた分を取り戻そうと、彼なりに必死だったんですね。

前田　吉岡の強化練習は夕方の5時からと決めていたんだけど、5時前になると必ず吉岡が私の宿舎の部屋をノックして、「監督さん、時間です。ダッシュを始めます」と言いに来た。それまでの吉岡はどこか自己中心的な考えをしていたところがあったんだけれども、謙虚な

姿勢で取り組んでくれてね。優勝できたのは、野球の神様が吉岡の態度と振る舞いを見て、「彼に優勝を味わわせてあげよう」とほほ笑んでくれたのかもしれない。ずいぶんあとになってからそんなことも考えましたよ。

小倉 謙虚さを学ぶと人は強くなる。吉岡君はまさにその典型ですね。ただ、仙台育英との決勝戦は、育英側の声援が大きかったんじゃないですか？

前田 たしかに応援がすごかった。東北勢の決勝進出は、71年夏の磐城（福島）以来、当時18年ぶりだったんだけれども、「仙台育英、勝て」の雰囲気が強かった。ただ、私はなかなか夏の甲子園に行けなかったときに、神宮で早実の応援を経験していた。「早実の応援に比べたら大したことはない」と、心に余裕があったように思えるね。

実際、0対0から9回裏二死三塁という場面を相手につくられたけれども、私が三塁側のベンチ前で「大丈夫。抑えられる」とうなずいている姿をマウンドに集まった選手たちが見て、「よし、まだまだ行けるぞ」と攻めの気持ちになったと、あとになってから選手たちから聞いたんだけどね。

小倉 そうして延長10回の一死二、三塁という場面で、3番の鹿野（浩司。ロッテ・89年ドラフト5位）君のセンター前への2点タイムリーが生まれた。それを吉岡君が守り切って、最後の打者を空振り三振に斬って取って初優勝を決めたんですね。

前田　吉岡は立派でしたよ。帝京は2回戦の米子東（鳥取）の試合から始まったんだけれども、決勝までの5試合に登板して41イニング投げて失点はわずかに1。投手力がものを言った勝利だった。
もう一つ、これは優勝できたから言えるんだけれども、甲子園に行ってからも選手たちの思いは一つ、「優勝する」だった。「優勝できるかもしれない」ではなく、「棚からぼたもち」の発想でもなかった。「狙って優勝を獲りにいく」という気持ちで試合に臨まないと、優勝旗は獲れないものだと、私は強く思ったね。
小倉　優勝することは容易ではありませんが、私のときも「狙って優勝を獲りにいった」ので、そのお気持ちはよくわかります。

92年のセンバツを優勝に導いた投手との出会い

前田　それから3年後の92年、春のセンバツでも優勝することができた。決勝の東海大相模との試合では、最後に同点に追いつかれると覚悟をしていたけれども、最後はライトからの好返球で、二塁走者をホーム手前でタッチアウトにできて、どうにか3対2で逃げ切った。
このときは三沢（〔現・三澤〕興一。早稲田大－巨人・96年ドラフト3位。現・巨人2軍投手コーチ）の存在が大きかった。

小倉　三沢君と前田先生とはどんな出会いだったんですか？

前田　彼も思い出のある選手の一人でしたよ。本当は横浜に入る予定だったんだけれども、なぜか渡辺（元智。元・横浜監督）さんが獲らなかったらしいんだ。彼に横浜での話を一部始終聞いてから、「それなら帝京に来なさい」と誘ったんだ。

小倉　どうして渡辺さんは三沢を落としたんですか？

前田　私もその真意はわからない。ただ、ちょうどその日は野球部長の小倉（清一郎）さんが不在だったらしく、どうやら小倉さんは三沢のプレーを見ていなかったようだった。だから彼は、今でも私と会うと「自分がいないときに三沢が来て、前田さんが獲りにいった」と嘆くんだ（笑）。同じ92年に横浜もセンバツに出ていたけれども、初戦（新野［徳島。現・阿南光。2018年に阿南工業と統合］に3対7）で負けていたからね。もう30年以上も前の話なのに、未だにそれを言ってくるってことは、相当悔しかったんじゃないのかな。

小倉　それは本当に悔しかったんでしょう。前田先生から見て三沢君の長所はどういうところだったんでしょうか？

前田　最大の武器は球質が重いところ。私はバント練習のときは、投手にマウンドから投げさせて、生きたボールを木製のノックバットでバントをして転がすんだけれども、三沢が投げたボールは鉛のような重さを感じたんだ。この球質は伊東（昭光）にも、芝草（宇宙）にも、吉岡にもなかった。彼独特の球質の重さだったんだけど、バントをする際にちょっとでも油断すると、腕を痛めてしまいそうだったよ。

プロに進む選手は、何か秀でたものがあるから行けるんだということを、彼のボールをバントして思い知ったね。

心の隙が生んだ初戦敗退

前田　ただ、三沢たちの世代については、夏には油断があった。これは間違いない。春のセンバツで勝ったこと、さらに夏の東東京予選でも2回戦から決勝までの全試合2ケタ得点で勝っていたから、どこかに心の隙ができていた。

そのことを象徴するエピソードとして、実際にこんなことがあった。1回戦の尽誠学園（香川）との試合前に選手全員に相手チームのビデオを見ておきなさいと言ったんだけれども、どうも見ている気配がない。試合前のミーティングでもそのことを指摘したんだけれども、キャプテンの三田村浩幸（日本大）は、「見ました」と言うんだ。ちょっと嫌な予感がしていたんだけど、図らずも試合で的中してしまった。

小倉　前田先生が選手を大人扱いされたんですね。本当ならば監督主導でいかなければいけなかったんだと思いますが、実際の判断は難しいところですね。

前田　いざ試合が始まると、尽誠の渡辺（隆文。大阪府立大－東邦ガス）は低めに丁寧に投げていた。2回にその渡辺にセンター前にタイムリーを打たれて1点を先制されたんだけど、「いつでも返せるだろう」という雰囲気がチーム内にあった。

　けれども3回、5回、6回とチャンスをつかんだものの、ホームに返せなかった。極めつけは8回。三沢がセンター奥に大飛球を打ったけど、そこに相手のセンターが守っていて難なくキャッチされてしまった。結局、4安打に抑えられて最少失点の完封負け……。

小倉　0対1で負ける。本当に初戦の入り方って難しいですよね。メディアも「春夏連覇できるのか」と騒ぐでしょうから、目に見えないプレッシャーがあったのではないでしょうか。

前田　あったかもしれないね。しかも相手の尽誠は、うちに勝ってからも快進撃を続け、ベスト4まで勝ち進んだ。最後は小枝さん率いる拓大紅陵に4対5で敗れて決勝進出はならなかったんだけれども、私はあとになって悔しさがこみあげてきたよ。

小倉　自分も前田先生と同じ立場だったら、ビデオの件は思い返してしまうかもしれません。

前田　あのとき「ビデオを見たのか？」ではなく、「一緒にビデオを見よう」と言えばよかったかもしれないと思うと悔いが残る。それまでに甲子園で春夏連覇をした高校は、作新学院（１９６２年）、中京商業（66年・愛知。現・中京大中京）、箕島（79年・和歌山）、ＰＬ学園（87年）の４校しかなかったんだけれども、夏を勝つにはチーム内をいかに引き締めるべきかということを、このときの敗戦で学んだ気がしたね。

レギュラーが次々と退部した95年の帝京野球部

小倉　95年夏も帝京は全国制覇されました。このときはどんなチームだったんですか？

前田　この年はたしかに優勝したんだけれども、私自身は反省することが多かったし、選手たちの頑張りに救われた場面も数多くあった。

この年の春のセンバツ出場は、三沢で優勝して以来３年ぶりとなったわけだけれども、伊都（和歌山。２０１７年に閉校）に０対１で惜敗した。この敗戦を糧に、夏に向けて猛練習を積んでいこう……そう考えていたところに、センバツが終わったあとにそれまでレギュラーだった選手たちがごっそり退部してしまったんだ……。

小倉　夏に向かって熱い気持ちで臨んでいかなければいけないのに、想像できない事態が起きてしまったんですね。

前田　ただ、その半年前から不穏な空気が野球部内にあったんだ。秋の東京大会の決勝で創価に負けて準優勝に終わって、当時のキャプテンから「休みをください」って言われたの。結果を出したんだから、ちょっとくらい羽を伸ばさせてほしいということだったんだけれども、私は頑なに認めなかった。そうして冬を越して春になってセンバツで負けた途端に、レギュラーの3年生が退部していった。残った3年生がわずか5人だけという状況になってしまった。

小倉　それほどの状況になってしまって、キャプテンはどうしていたんですか?

前田　このときは、キャプテンも抜けてしまったんだ……。ただ、私は残った3年生と2年生を鍛えて、もう一度チームをつくっていこうと思った。このことはスポーツ紙や週刊誌などのメディアに報道されて、「帝京の選手が夏を前に集団退部した。原因は前田監督の勝利至上主義にある」などと批判的に見られたけど、私は気にすることなく心技体ともに選手を鍛え抜いた。

小倉　覚えています。メディアは冷ややかな論調で批判していました。

前田　そうしたなかで、ショートのレギュラーだった吉野直樹(東芝府中―全府中野球倶楽部。現・同チーム監督)を含めた3年生の数人が戻ってきた。「もう一度、野球をやらせてください」と言うんだけれども、ここで私は考えた。

「残って鍛えた選手たちのなかには、レギュラーが抜けたからこそ自分たちにチャンスが回ってきた選手もいる。戻ってきたらまた控えに戻らなければならないかもしれない。戻ってきたいという選手たちをどうすればいいのか……」

私が下した結論は「受け入れる」ことだった。高校野球は教育の一環だからこそ、一度離脱した選手を受け入れて再び指導していくことが大切なんじゃないか、その考えにいたった末の決断だった。

苦難を乗り越えた先の3度目の全国制覇

小倉　戻ってきた選手の気持ちをすべて汲み取って受け入れる気持ちはわかります。レギュラーだった選手も含めて、すぐにベンチに入れたんですか？

前田　いやいや、戻ってきたからと言って、すぐに試合で起用するのは違うと思っていた。それまで残って必死に頑張ってきた選手たちがいるんだから、東東京予選の1回戦は戻ってきた選手はスタンドから応援させて、次の試合からベンチに入れたんだ。

小倉　賢明な判断だったと思います。

前田　このときの帝京には「負けるかもしれない」という、うしろ向きな気持ちを持った選手は誰一人としていなかった。むしろ「負けるはずがない」と強い気持ちを持って戦っていた。2年生の白木隆之（三菱自動車川崎）、3年生の本家穣太郎（早稲田大－安田生命）の2枚看板で上位進出して、決勝で早実と対戦した。

不思議なことに、これまでの私ならば、早実に対して一抹の不安があったものだが、このときは「絶対に勝つんだ」と強い気持ちで挑んだ。神宮球場は早実一色の応援だったけど、「こんなところで負けていられない」と監督と選手が一丸となって戦った。その結果、15対13という壮絶な打撃戦を制して甲子園出場を果たしたんだ。

小倉　早実に対する苦手意識を捨てて、「勝つんだ」という強い気持ちがチームを一つにしたんですね。

前田　そうだね。甲子園に行ってからも厳しい戦いは続いたけど、日南学園（宮崎）、東海大山形（山形）、前年秋と春の東京大会で負けていた創価（西東京）、敦賀気比（福井）と破って決勝に進出。最後は石川の星稜との対戦だったが、甲子園のスタンドは北陸勢初の優勝を期待して星稜を応援する声のほうが大きかった。相手の山下（智茂）監督も並々ならぬ執念を燃やして挑んでこられたと思う。それでもうちは「絶対に勝つ」という強い気持ちを持っていた。

小倉　そこは東東京予選の決勝と変わらない心境だったんですね。

前田　結果は3対1で白木が完投して、帝京が春夏合わせて3度目の優勝を果たした。1度目と2度目の優勝とはまた違った感情がこみあげてきた。

「選手が頑張った」「選手に感謝したい」「選手は大したものだ」――。口をついて出てくるのは「選手」という言葉だったのは今でもよく覚えている。

いろんな人からいろんなことを言われた末の優勝だったが、あとになってキャプテンの田村渉（筑波大。現・全府中野球倶楽部コーチ）がインタビューで、「監督を信じ、監督についていった自分は間違っていなかった。『ありがとうございます』と言いたいです」と言ってくれたのを見て、救われた気がしたよ。

夏の予選前、相手を挑発するようなTシャツをつくって激怒

前田　小倉さんは1997年4月に関東一から日大三の監督に就任して、その2年後に甲子園に出場しましたね。

小倉　99年に春夏連続、その2年後の2001年に近藤（一樹。近鉄・01年ドラフト7巡目。現・関メディベースボール学院総合コーチ）の世代でも春夏連続で甲子園に出場して、夏に全国制覇しました。たしかにこのときのチームは力がありましたが、全国レベルで見たときには決して図抜けた力があったわけではなかったんです。

春の2回戦で姫路工業（兵庫）の真田（裕貴。巨人・01年ドラフト1巡目。現・ジャイアンツアカデミーコーチ）を攻略したことで、三高は注目を浴びましたが、続く東福岡（福岡）との試合では内野陣が3失策と乱れたこともあって敗退。課題は「守備面の強化」だと考えていましたから、そこさえ鍛え直せば夏はいいところまでいくんじゃないかとにらんでいたんです。

前田　その見立ては正しかったね。

小倉　ところが夏の西東京予選前にちょっとした事件が起きました。あろうことか、私の知らないところで3年生が「全国制覇」と書かれたTシャツを勝手につくってしまって、予選の初戦からそれを着ていくことを選手全員で決めてしまっていたんです。

前田　相手校にしてみれば、「何が全国制覇だ」と刺激を与えかねない。

小倉　そこを一番自分は危惧していたんです。彼らは「相手がそのTシャツを見たらどう思うのか」までは考えていなかった。そこで選手全員を呼んで、こう言いました。

「誰に断ってそのTシャツを着ているんだ。そんなものは脱いで部屋にしまってこい！」

そうしたらエースの近藤が、Tシャツを地面に投げつけた。そこで「対戦相手の気持ちを考えてみろ。相手を不必要に刺激して、足元をすくわれたらどうするんだ！」と強く叱ったんです。

前田　それは正解だね。さっき小倉さんが話した正則学園のこと（P・75）と一緒で、どんなに実力差があっても10回のうち1回は相手が勝つこともある。その1回がこの予選のときだったら、取り返しのつかないことになるからね。

小倉　近藤は勝ち気で投手らしい性格でしたが、相手に小細工を仕掛けられると、マウンド上でカッカすることがあったんです。そのたびに注意をしていたんですが、反抗的な態度をとることもあった。

甥（齋藤達則〔明治大－JR東日本〕）が近藤と同じ学年でレギュラーだったんです。自分が九十九里の家に帰るときに彼を同乗させていたんですが、車中で「近藤ってどんなヤツなんだ？」と聞いたことがあった。そのとき返ってきたのは、「すごくいいヤツですよ」という言葉だった。

聞けば背番号を渡すと、他の選手のユニフォームに縫い付けることを率先してやっていたのが近藤だったと言うし、他の選手に対してたびたび労いの言葉をかけていた。そんな言葉を聞いて、自分は近藤に対する見方が変わりましたね。

前田　監督の前と選手同士の間で見せる顔というのは必ずしも一緒ではない。ただ、話を聞く限り近藤君は選手間では慕われていたんじゃないかな。そのときの小倉さんの知らなかった人柄のよさというのがうかがえるよね。

小倉　そうなんです。プロ入りして、ベテランになってから若い選手がケガをしたと聞くと、いい病院を紹介したり、何かとアドバイスを送ったりしていたという話も聞きましたし、甥の言葉がなかったら、近藤に対する評価は違ったものになっていたような気がします。

あの名将のひと言がヒントになった投手起用

前田　この年の日大三は、まさに快進撃だった。西東京を制し、その勢いのまま甲子園に乗り込んで1回戦から決勝までの6試合を強打で勝ち続けた。西東京の優勝は1976年の桜美林以来25年ぶりだったというからまさに快挙でした。ただ、危ない試合はなかったの？

小倉　今でも覚えているのは2回戦の花咲徳栄戦ですね。先発した近藤が初回からいきなりつかまって2回までに4点を取られた。相手が近藤のことを随分研究しているなと感じていたんです。3回にどうにか逆転したんですが、4回にまた近藤がピンチを招いた。このとき左の清代（渉平。明治大－NTT東日本）にスイッチしたら、見事に後続を断ってくれたんです。

前田　清代君の起用はどこかで考えていたプランだったの？

小倉　実はこの試合の数日前に、松下電器（現・パナソニック）のグラウンドで練習していたら、明徳義塾の馬淵（史郎）監督とお会いしたんです。明徳はうちが使ったあとに練習する予定だったので、その場にいらしたんですが、帰りがけにあいさつすると、「小倉君、あの左投手いいじゃないか」と言って、パッと清代のことを指さす。「そんなにいいですか」と聞くと、「腕の出所が見づらいから、一度使ってみたら面白いんじゃないか」と言うんですね。

自分はそこまで客観的に評価していなかったんですが、花咲徳栄との試合の途中、近藤がつかまり続けていたときに、馬淵さんの言葉が脳裏に浮かんで、「よし、清代を使ってみよう」と決断しました。

すると相手は、清代まではチェックしていなかったんでしょう。残りのイニングを9つの三振を奪って被安打はわずかに2本に抑えて、11対4で勝ったんです。試合中盤に追加点を奪えたのも、清代が投球でリズムをつくってくれたから野手がそれに応えてくれたんだと思います。

前田　偶然とは言え、いいところで馬淵さんと遭遇したよね。もしそのひと言がなかったら、近藤君をもっと引っ張っていたんじゃない？

小倉　そう思います。自分があまり気づいていなかった清代の長所をいち早く見抜いた馬淵さんの眼力はさすがだなと感心しましたね。

2001年夏の優勝で「強打の日大三」を印象づけた

前田　日大三が初めて夏の優勝を飾った2001年は、それまでの日大三とは違った印象を与えてくれた。昔は日大三と言えば春に強いイメージが強かったけど、この年以降は夏に強いイメージが出てきたし、それに加えて「強打の日大三」と言われるようになったよね。

小倉　チーム通算打率4割2分7厘をマークして、1年前に智弁和歌山（和歌山）が記録したチーム最高打率（4割1分3厘）を更新できたんです（23年7月現在、夏の甲子園における最高は04年に駒大苫小牧が記録した4割4分8厘）。それだけに「三高は打撃がいい」というのを全国の高校野球ファンに知ってもらえたのはうれしいですね。

前田　その点は小倉さんが高校時代の日大三とはまったく違うよね。

小倉　打撃に限らず、何もかも変わりました。私が三高に戻ってからも、「ボールを引きつけて反対方向に打つのが三高の野球だ」と言われていましたから、「勝つための野球はそうじゃないんだよ」ということを選手たちに教えてあげたかった。そうした指導が実を結んだのがこの世代だったんです。

前田　私が持っている日大三のイメージは、使い古された言葉ではあるけれども、「洗練された野球」だった。けれども小倉さんがこれだけの記録をつくってから、「日大三＝強打」を多くの高校野球ファンに鮮烈にイメージさせた功績は大きい。それは間違いないね。

高校野球史上最高のチーム打率を残した打力

前田　小倉さんは03年から05年、11年から13年までの2度、夏の西東京で3連覇を達成して甲子園に出場しているけど、このときは予選前からいずれも手ごたえがあったの？

小倉　03年はそうでもなく、むしろ不安ばかりだったんです。エースナンバーを背負った小笠原裕太（国士舘大）が腰を痛めていて、本番で長いイニングを投げられなかったんです。予選はどうにか継投でしのぎましたけれども、甲子園ではいきなり当たった平安（京都。現・龍谷大平安）にめった打ちにあって、先発の服部大輔（日本大－日立製作所。現・滝川二〈兵庫〉監督）を攻略できなくて1対8で完敗。

04年は優勝した駒大苫小牧と3回戦で戦って6対7で敗れたんですが、「勢いがあるな」と感じていました。うちもいい選手が揃っていたんですが、それ以上に苫小牧が打って、あとは三高が4失策と、守りのミスも重なって負けたという感じでしたね。

前田　優勝するチームというのは、横綱相撲のような圧倒的な強さを誇っているチームもあるけれども、勢いというのも大切なんだよね。そのためには打つほうが突出しているだけではだめ、投手力と守備力、走力も備わっていないと。よく2桁得点を奪って勝ち進んだチームは「強打」と言われることが多いんだけれども、その裏には堅守と好走塁というのがあることを忘れてはならないんだ。

小倉　おっしゃる通りですね。甲子園に出場するまでに打ちまくって予選を勝ち抜いたチームであっても、予選と甲子園大会が始まるまでの期間に打線が調子を落としてしまうことがよくあるんです。そうしたチームをメディアは「強打で勝ち上がってきたチーム」と優勝候補に挙げますね。けれどもそのチームのことをよくよく分析してみると、意外にも守備にもろさが見られたり、投手力がおぼつかなかったりするなんてこともある。打てるとわかりやすいので、どうしてもそちらに目がいってしまいがちですが、全体のバランスはどうなっているかを見なければいけませんよね。

前田　その点で言えば、04年の駒大苫小牧は投手力、攻撃力、守備力のいずれもバランスがとれたチームだった。大黒柱の投手が1回戦から決勝まで一人で投げ抜くというスタイルではなかったけれども、チーム打率は、今でも夏の甲子園の大会記録で、やまびこ打線の池田を超えるほどの攻撃力だった。素晴らしい偉業を成し遂げてくれましたよ。

小倉　苫小牧は03年から07年まで5年続けて夏の甲子園に出場しました。しかも05年は2年生ながらエース格として投げていた田中将大を擁して夏2連覇を果たした。これはもう立派でしたね。

前田　どういった形でも連覇を達成するのは本当に難しいんだ。基本的には、前年と戦力が変わるけど、春夏の場合は春優勝したことをいったん頭から消して、もう一度チャレンジ精神で挑まないといけない。その点では、夏の連覇はまた違った難しさがある。「先輩たちが優勝している」から、「中途半端なところで負けられない」というのが余計なプレッシャーになってくることもある。それを考えると、苫小牧は06年も田中を軸に甲子園に出場しただけではなく決勝まで進んだ。最後は早実に負けてしまったけど、このことは誇りに思っていいんじゃないかな。

歴史に残る乱打戦となった智弁和歌山との1戦

小倉　前田先生も06年夏以降、素晴らしいチームをつくって甲子園に出場されていましたよね。このときは手ごたえがかなりあったんじゃないですか？

前田　06年夏、07年は春と夏。それに09年の夏には、帝京は優勝候補に挙げられていた。私自身も「いいところまでいくんじゃないか」と期待もしていたし、手ごたえもあった。ただ、最後の最後でツキというものに恵まれていなかった気がするね。06年夏は準々決勝で智弁和歌山に12対13で、07年春は準決勝で大垣日大（岐阜）に4対5で負け、同じ年の夏は準々決勝で佐賀北（佐賀）に延長13回を戦って3対4で負けた。09年夏は準々決勝で県立岐阜商業（岐阜）に3対6で敗れて、優勝旗には手が届かなかった。

小倉　どんなにいいチームをつくっても、勝てないのが甲子園の難しいところですよね。

前田　ただ「強い」だけでは勝てない。ツキもないといけないんだ。1989年夏は吉岡の足首の故障がまだ癒えていなかったけど、キャプテンの蒲生（弘一。駒澤大）が7日目のくじを引いてくれた。それで吉岡自身、ホッとしたとあとになって本人から聞いたよ。

今でも多くの高校野球ファンに語られているのは、2006年夏の準々決勝の智弁和歌山との試合。これはまさに「強い」だけでは勝てなかった試合の典型と言えるかもしれない。

試合は想像をはるかに超える打撃戦となったんだけれども、8回裏の智弁和歌山の攻撃が終わった時点で4対8。普通なら敗戦ムードだよね。でも帝京は違った。9回表二死から中村（晃。ソフトバンク・07年高校生ドラフト3巡目）を起点に6連続長短打で、一気に8点を奪って逆転したんだ。

小倉　このときテレビを見ながら、「すごいな」と三高の3年生の選手たちが呆気にとられていたのを覚えています。でも、その裏の投手起用は頭を悩ませたんじゃないですか。

前田　そこなんだよ。先発した1年生の髙島（祥平。中日・08年ドラフト4位）、2番手の垣ケ原（達也。青山学院大－日立製作所）、3番手の大田（阿斗里。横浜〔現・DeNA〕・07年高校生ドラフト3巡目）の3人の投手は、すでにベンチに退いていたからね。
そこでまず白羽の矢を立てたのが、センターを守っていた勝見亮祐（日体大）だった。彼は夏の公式戦初登板だったが、2年生の夏は背番号1をつけていた。打撃を生かすために野手に転向させたんだけど、智弁和歌山打線をなんとか抑えてくれるんじゃないかと期待してマウンドに送ったんだ。
ところが、2者連続四球のあと、次の打者に1発を浴びた。これでスタンドが智弁和歌山を応援する雰囲気に一変した。そうして続く打者にも四球。「これ以上、勝見を引っ張るのは無理だな」と思って降板させて……。
小倉　たしかに流れはよくないですよね。

わずか1球で降板……そしてサヨナラ負け

前田　ここからが問題だった。残った選手でどうにかするしかないと思って、まず中村を登板させようと思ったんだ。

小倉　中村君は投手ができるんですか？
前田　彼は中学時代、投手もやっていた。高校ではファーストだったけど、彼の勝負度胸を考えたら面白いんじゃないかと思って、私はファーストに入る中村に目で合図を送ったんだ。すると、「僕には無理です」という感じで目をそらした（笑）。それではと他の選手の顔を見たんだけれども、みんな私と目を合わせようとしない。
小倉　本職の投手でなければ、誰も投げたくない場面でしょうね。
前田　そこで選んだのが杉谷《すぎや》（拳士《けんし》。日本ハム・08年ドラフト6位）だった。彼は1年生ながら度胸があった。そこだけを評価して、「四死球さえ出さなければＯＫ」という気持ちでマウンドに送った。そうしたら初球いきなり死球。彼の表情を見たら「まずいな……」といった感じで顔面蒼白だったんだ。杉谷らしいと言ってしまえばそれまでなんだけど（笑）、このときは「まだ荷が重かったかな」と判断して降板させた。
小倉　1年生の杉谷君には荷が重かったんでしょうね。でもそのあとはどういう投手を選んだんですか？
前田　私が選んだのは岡野裕也（帝京大）だった。彼は打撃投手を多く務めてくれて、コントロールがよかった反面、ストレートと変化球にこれといった特長のない投手だった。ただ、ストライクさえ投げてくれれば、智弁の打者がうち損じてくれることもあるだろうと踏んで、彼に賭けたんだ。
そうしたら1人目の打者はレフトフライに打ち取ってくれたものの、続く打者にセンター前にはじき返されて同点。次の打者に四球を与えて満塁になったところで、私は腹をくったよ。結果は押し出しでサヨナラ負け……。12対13という、野球とは思えないスコアの結末だった。

小倉　こういったとき、監督は選手交代を誰にするかを決めたら、あとは見守るしかありません。それにしても甲子園ではあまり見かけないスコアでした。

前田　あとで髙嶋（仁。監督）さんに聞いたら、9回表に帝京に逆転された時点で、「今日はもうダメだ」と内心負けを覚悟していたらしい。でも、選手の想像以上の頑張りで再逆転したと言うんだ。

小倉　負けを覚悟するでしょうね。自分がもしも髙嶋さんと同じ立場だったら、そう考えるかもしれません。それだけに智弁の選手の頑張りはものすごいものがありました。

前田　うちの投手陣は、この試合だけで智弁に5本の本塁打を打たれた。これは夏の甲子園における最多記録だそうだ（19年夏、1回戦で履正社が霞ケ浦〔茨城〕を相手に1試合5本塁打を放ち、タイ記録）。打ちもしたし、打たれもしたし、優勝はしなかったけれども思い出深い試合だったことは間違いありませんね。

智弁和歌山の甲子園練習で驚かされたこと

小倉　今、智弁和歌山の話が出てきましたけれども、実は私にも髙嶋さんとの思い出があるんです。

前田　それはどんなことですか？

小倉　三高と智弁が同じ年に甲子園に出たときのことなんですが、練習グラウンドで髙嶋さんにお会いして、話す機会があった。「甲子園に来てからの練習は、自分たちの学校にいるときのような練習ができないから、その分の調整が難しく感じています」と話したら、「小倉君、私たちは学校と同じ練習ができるように、ボールを2000球持ってきているんだ」と言って、ボールが入ったケースを見せてくれたんです。

前田　2000球か。それはすごいな。

小倉　「これだけあれば、ティー打撃だろうが、ノックだろうが、どんな練習もできる」と自信満々に言っていた。「そうか、智弁が甲子園で強さを発揮するのは、学校にいるときと同じような練習環境をつくり出しているからなんだな」ということを、あらためて知ったことは大きかったですね。

前田　髙嶋さんの発想は素晴らしいね。たしかに甲子園に行ったら、自校のグラウンドでやっていることと同じ状況で練習をするのは無理だと、普通なら考えてしまうよね。

小倉　その話を聞いてからは髙嶋さんのやり方にならって、甲子園に来てからも学校にいるときと同じような環境で練習ができるようにボールを用意するようにしました。グラウンドでの練習時間は、他の学校との兼ね合いもあるので限られた時間しか使えなかったんですが、選手たちに少しでも多くボールを使った練習ができるようにしたことは、非常に参考になる話を聞けたと今でも髙嶋さんに感謝しているんです。

アウトになった打球が強烈だった

前田　これまで対戦した相手チームの選手で思い出に残っているのは何人もいるけど、敦賀気比の吉田（正尚《まさたか》。青山学院大－オリックス・15年ドラフト1位。現・ボストン・レッドソックス）のスイングはすごかった。彼は忘れられない選手の一人だね。

小倉　やはり吉田の名前は出てきますよね。私も彼の話をしようと思っていました。

前田　帝京が敦賀気比と当たったのは、09年夏の甲子園の2回戦。当時1年生の吉田が4番に座っていること自体、驚きだった。しかも福井予選では、打率6割を残していると聞いた。

「どんな打撃をするんだろう？」と興味があってね。

試合は帝京が2回までに5点を先制して、先発の平原庸多（立教大－東京ガス）が完封ペースで投げていた。ところが終盤に捕まりだして、8回の敦賀気比の攻撃で二死二塁という場面で吉田が打席に立った。すると、彼がバットを振り抜くと、一直線でレフトに打球が飛んでいった。これがタイムリーヒットになったんだけど、1年生とは思えない打球の速さに、「とんでもない選手になるかもしれない」という予感がしていたんだ。

結局、5対1で帝京が勝ったんだけれども、吉田の打球の鋭さが脳裏から離れなかった。

小倉 私は翌10年春のセンバツの準々決勝で当たったんです。前田先生の帝京と対戦していたことは知っていたんですが、2年生ながらやはり4番を打っていた吉田はマークしなければならないと思っていたんです。

試合は10対0のワンサイドで勝ったんですが、自分が彼のことで驚いたのは、2打席目のキャッチャーフライでした。普通の選手よりも打球が10メートル近くは上がっていた気がするんです。高くボールが上がって、なかなかボールが落ちて来ないんですね。その打球を見て、「とんでもない打球を打つ選手だな」という印象を持ったのは覚えています。

前田 あのスイングは高校生離れしていたよな。身長は170センチそこそこなんだけど、スイングスピードが猛烈に速い。うちの選手にはいないタイプの選手だった。

小倉　この年の三高は山﨑《やまさき》（福也《さちや》。明治大－オリックス・14年ドラフト1位）が投げていたんですが、のちに吉田とオリックスで同僚になって、「高校時代に対戦したときに、うちの小倉監督が『すごい打球を打つ選手だな』って褒めていたよ」と言ってくれたみたいで、「自分はキャッチャーフライに終わって悔しいと思っていたけれども、小倉監督はそう見てくれていたんだな」と喜んでいたというんです。

前田　吉田は小倉さんに褒められたことが本当にうれしかったんだろうね。

守備に誤差を生じさせた相手打線の力

小倉　10年春のセンバツは帝京が準々決勝で、三高が決勝で沖縄の興南と対戦しました。前田先生はこのチームをどうご覧になっていましたか？

前田　チームとしての完成度が高かったし、各打者ともに粘りがあった。しかもエースの島袋（洋奨《ようすけ》。中央大－ソフトバンク・14年ドラフト5位。現・興南コーチ）はコントロールがいいうえに変化球もキレてくる。狙い球が絞り切れなかった。チャンスは何度かつくったつもりだったけど、ここ一番で抑えられたという印象が強い。結果、興南ペースで終始試合が進んでしまったね。

小倉　自分たちは決勝で対戦しましたが、展開的には勝機があった試合でした。島袋は一塁へ牽制を暴投しているシーンを見ていたので、走者を出し続けていれば勝てると読んでいたんです。

ただ、二つの誤算がありました。一つは準決勝でうちが広陵（広島）に勝って、雨で1日順延したんです。翌日に興南が大垣日大に10対0で大勝した。自分は興南の各打者はそれまで「おっつけて打つ」というイメージが強かったんですけど、大垣日大との試合を見て非常に強打のチームというイメージが残った。例えば左打者の場合、おっつけて打ってくるのであれば、ショートを三塁寄りに守らせていたはずなんですが、決勝戦ではショートを定位置に守らせたことで、守備位置に誤差が生じてしまった。その点が悔やまれました。

前田　イメージから誤差が生じてしまうということは往々にしてあることだね。

小倉　もう一つは、スタメンでセンターに小林亮治（明治学院大）を起用したことでした。この大会は1回戦から準決勝までの4試合を、守備のいい平岩拓路（立教大）をセンターのスタメンで起用して、試合途中から小林をセンターに入れる起用をしていたんです。彼はチーム一の俊足だったこともあり、決勝でスタメンにした一方、「肩が弱い」という弱点があった。それが6回表の興南の攻撃で、山﨑が2度にわたって得点圏に走者を背負った際、2本のセンター前ヒットで小林が走者を刺せなかったことで、一挙に4点を奪われてしまうというシーンにつながった。「もしも平岩だったらどうなっていたかな」という思いがありました。

前田　難しいね。守備がいいのと俊足なのと、必ずしもイコールになるわけではない。とくに外野の守備がいい選手というのは、打者のスイングや味方の投手のボールの力、バッテリーの配球などで「このあたりに飛んできそうだ」という勘に優れているところがある。これはいくら教えても簡単に身につくことではなくて、天性のものと言ってもいいかもしれない。

小倉　結局、12回に5点を取られて、その裏の攻撃は封じ込められた。終わってみたら5対10で負けて準優勝に終わりました。

沖縄の学校の応援対策はこうしていた

前田　一つ聞いてみたいことがあるんだけれども、小倉さんは興南の応援というのは気にならなかったの？

小倉　気になりましたね。攻撃のときにしか応援してはいけないと決まっているのに、守備のときもお酒を飲んでいい気分になっている人たちが指笛を吹くんですね。あれは気になりました。

前田　その気持ちはよくわかるよ。私も02年の夏に同じ沖縄の中部商業と対戦することが決まったとき、事前にビデオを見たんだ。そのときスタンドから指笛の音が聞こえたので、「これは注意しなくちゃダメだ」とみんなに言って、ビデオで指笛を聞かせ続けた。そのうえで、後半に連れて応援が盛り上がってくるから「3回で5点、5回で7点差つけていないとお前ら負けるぞ」とも言った。いざ試合に臨んだら5回まで9対1で大量リードしながら、7回に7点取られて、最終的には11対8でうちがなんとか逃げ切った。

小倉　この年はたしか開幕試合でしたね。

前田　そうなんだよ。大会初日というのは1987年の春にも経験しているんだけれども、開会式直後の試合というのは初めてでね。開会式の余韻が残るなかでの試合ということもあって、選手も「いきなり出てきて負けられない」という緊張感もあった。それだけに優位な展開で試合を進めていたはずなんだけれども、「やっぱり甲子園はそんなに甘くない」ということを、勝ってなお思い知った試合でしたよ。

打球が見えない!?　目の当たりにしたあの選手のすごさ

前田　さらに今でも印象に残っている選手の一人に挙げられるのは、なんと言っても大谷翔平（花巻東〔岩手〕－日本ハム・２０１２年ドラフト1位。現・ロサンゼルス・エンゼルス）だよ。

小倉　前田先生が対戦されたのは、彼が2年生のときでしたね。

前田　そう。彼とは11年夏の甲子園の1回戦で対戦したんだけど、当時は「投手・大谷」以上に「打者・大谷」のほうがすごいと感じた。うちとの試合では「3番・ライト」で出場したんだけれども、2回に二死一、二塁という場面で彼に打席が回ってきたとき、セカンド方向にものすごい当たりを打ったんだ。セカンドを守っていた阿部健太郎（東洋大－ＮＴＴ東日本）がジャンプして捕ったんだけど、私には大谷の打球が見えなかった。

小倉　そんなにすごい当たりだったんですか。

前田　6回の第4打席ではレフトに打った打球がフェンスに直撃、「あんな低い弾道であそこまで飛ばすのか」と衝撃を受けたね。それよりも20年前の１９９1年、秋の明治神宮大会で決勝まで進んだときの相手が石川の星稜だったんだけれども、当時騒がれていた松井秀喜（巨人・92年ドラフト1位）の打球ですらそんなことはなかったし、池田のやまびこ打線の各打者の迫力とも違う。とてつもなくスケールの大きい打者だということを感じたね。

小倉　高校2年生の段階で、すでに身体能力がずば抜けていた、と。

前田　試合は7対7の同点で、7回表のうちの攻撃の二死一、三塁という場面で、4番の松本剛（日本ハム・2011年ドラフト2位）が勝ち越しとなるライト前へのタイムリーを打って、その1点を守り切って8対7で勝ったんだ。松本がタイムリーを打った投手が大谷だったんだけれども、当時は投手としては未完成な部分が多いように私の目には映っていた。

小倉　今でこそ体重が100キロに迫っていますが、当時は70キロ台中盤ですからね。野球の技術はもちろんのこと、肉体的にもまだまだ成長の途上段階だったんでしょう。

前田　ただ、「順調に育ったらどんな選手になるんだろう？」という期待はあった。もちろんプロ、そしてメジャーで二刀流を貫いて、どちらでも成功するような選手になるとは思っていなかったから、その点はただただすごいとしかいいようがないんだけどね。

小倉　私は翌年に日本代表の監督を務めたときに大谷とは一緒のチームでした。三高の監督を（23年）3月で退任して、監督室の荷物整理をしていたら、そのときの代表選手が色紙に書いてくれた寄せ書きが出てきたんです。大谷からは「力になれなくてすみません」と書いてありましたよ。

前田　大谷らしい気遣いだね。

小倉　このときの彼は岩手県予選の決勝で負けてしまって、代表に呼ばれるまで1ヵ月くらい時間があいていた。同じく日本代表に選ばれた大阪桐蔭、光星学院（青森。現・八戸学院光星）ら甲子園に出場した選手たちと比べると、コンディション的に本調子ではなかったたんだと思いますから、仕方のない面もありました。

前田　それはそうだね。ただ、今の球界を見渡しても、トップを走っているのは間違いなく彼でしょう。それを考えると、高校時代の代表とは言え、小倉さんはいいタイミングでいい選手と巡り合うことができたね。それは誇りに思ったほうがいいんじゃないのかな。

小倉　私もそう思っています。

負けると思っていなかった11年の日大三

前田　今の話の続きになるけど、同じ11年夏に帝京は花巻東に勝って次の八幡商業（滋賀）との試合で、3対0から最終回に一挙5点を取られて逆転負けを喫した。小倉さんは2度目の全国制覇を果たした年でもあったんだよね。

小倉　はい、吉永（健太朗。早稲田大－JR東日本）たちの代は、私が監督になって初めて心から「全国制覇を狙える」と思ったチームでした。彼以外にも畔上《あぜがみ》（翔。法政大－Honda鈴鹿）、髙山（俊。明治大－阪神・15年ドラフト1位）、横尾（俊建。慶應大－日本ハム・同年同5位）たちが1年前の春のセンバツで準優勝を経験していましたし、この年のセンバツも準決勝まで進んでいました。ですから「普通に戦えば全国も獲れるだろう」という期待はあったんです。

前田　揃うべくして、いい選手が揃ったという感じがするね。

小倉　西東京予選でも準決勝までは順当に勝ち抜いて、決勝の早実には2対1の接戦で勝利しました。うちが2点を先に奪って、早実が1点を取って追い上げるという展開でしたが、負ける感じはまったくしませんでした。それでも、こうして競った試合をものにしたことでチームが引き締まりましたね。

前田　予選、甲子園を通じて、全試合横綱相撲で勝てるほど高校野球は甘くない。どこかで必ず苦労する場面というのは出てくるものなんだ。ひと山越えて、またひと山越えて、そうした先に優勝の二文字が見えてくる。小倉さんは甲子園に来る前の西東京予選の段階でそれを経験しておいてよかったと思うよ。

小倉　甲子園に出場が決まってからも優勝候補に挙げられて、吉永、髙山、横尾といい選手が揃っていたのも事実ですが、自分はキャプテンの畔上の存在が大きかったと思っています。このときの甲子園に限らず、普段の練習のときからチーム内で一番大きな声を出していた。それだけではなく、嫌われ役も率先してやってくれて、練習で緊張感がなかったりすると、臆することなく全員を叱ることができたんです。この年の自分は、畔上のおかげで選手を叱った記憶があまりないんですよね。

前田　そういうリーダーシップを持った選手がいるチームは強いよ。今は誰も嫌われ役はやりたがらない。無難に、穏便に済ますという考えであるから、畔上君のような存在は貴重だよね。

小倉　実際に甲子園大会が始まってからも、勝ち抜いていくなかで接戦はありましたが、「このチームなら大丈夫だ」という自信もありました。そうして決勝まで進出したんですが、自分が三高の監督に就任した1997年の春に、OBとこんな約束をしたことを思い出したんです。

「甲子園の決勝で、10対1で勝てるチームをつくってみせます」

「コツコツ打って走者を返すのが三高の野球」と言っていたOBに対し、自分はフルスイングで強打のチームをつくらなければ甲子園では勝てないと主張して、意見が割れたことがありました。そこで私がOBたちに向けて決意を表明したのが、この言葉だったんです。

そうして光星学院に臨んだ決勝戦では、3回裏の三高の攻撃で、二死一、二塁から高山がバックスクリーンへ先制の3ラン。5回にも1点を取って、7回は畔上、横尾、髙山の3連続長短打で5点を奪って、最終的には11対0で勝ちました。10年ぶり2度目の夏優勝を決めたんです。

前田　最後の最後は横綱相撲だったね。これはもうお見事という言葉以外、浮かんできませんね。

小倉　前田先生にそうおっしゃっていただけるのは光栄です。

終盤でも球威が落ちなかった相手のエース

前田　三高は、２０１８年夏の１００回大会も甲子園に出場してますね。このときはどんな心境だったの？

小倉　甲子園を飾る１００回の記念大会に出場できたことは本当に誇りに感じていました。ＯＢもそれとなく期待している様子がわかりましたし、野球部関係者だけではなく、学校全体で「頑張れ」という雰囲気があった。おいそれと負けられないなと思っていたんです。

１回戦の折《おり》尾《お》愛真《あいしん》（北福岡）との試合は16対３とワンサイドになりましたが、２回戦の奈良大附（奈良）は８対４、３回戦の龍谷大平安は４対３、準々決勝の下関国際（山口）は３対２と、どちらに転んでもおかしくないほどの接戦が続きました。

前田　一つ、また一つと白星を積み上げていって準決勝で金足農業（秋田）と当たったわけだ。地元の選手で構成されていて、走攻守ともに東北の学校らしい、粘りの野球が身上だったけど、一番マークしていたのは誰だったの？

小倉　やはり吉田（輝星《こうせい》。日本ハム・18年ドラフト1位）ですね。勢いよく伸びてくるストレートと、キレのいいスライダーをどう攻略していくか。「試合の終盤に必ず山がくる」と選手に言い続けていたんですが、吉田は終盤になっても球威が落ちなかった。金足農業2点リードの8回裏の三高の攻撃で、3安打で1点をどうにか取って、最終回も一死後に2安打で走者をためたんですが、反撃はそこまでで1対2の僅差で敗れてしまいました。

前田　ああいう展開になると一つのミスが命取りになる。細心の注意を払って試合を進めていたんだろうけど、あと一歩及ばなかったね。

小倉　もしもここで勝っていれば、次は大阪桐蔭と対戦できるチャンスがあったんです。根尾（昴《あきら》。中日・18年ドラフト1位）や藤原（恭大《きょうた》。ロッテ・同年同1位）らエリート軍団の桐蔭と、そこそこいい選手が集まったうちとで勝負した結果を見てみたいと思っていただけに、非常に悔やまれる敗戦となりました。

最後の甲子園。勝負の分かれ目は？

前田　令和に入ってから、小倉さんにとって最後の甲子園出場が昨年（22年）だったわけだ。1回戦の相手が聖光学院（福島）になったけど、どういう印象を持っていたの？

小倉　12年夏の甲子園の1回戦で聖光学院と対戦していたんです。このときは聖光に初回と8回に1点ずつ取られて、三高は9回にキャプテンの金子凌也（法政大－Ｈｏｎｄａ鈴鹿）の本塁打で1点を返すのがやっとで、1対2で敗れたんです。今回も接戦になるだろうなと予想はしていました。

前田　その通りの展開になったね。勝負の分かれ目はどこにあったと分析しているの？

小倉　三高が初回、4回と1点ずつ取って、聖光が4回に1点、5回に本塁打で2点取られて逆転されたんですが、自分は7回の三高の攻撃の一死一、三塁という場面だったと思っています。2番を打つキャプテンの寒川忠（国士舘大）にスクイズのサインを出すかどうか迷ってしまったんです。

実はこの年の西東京予選の決勝の東海大菅生との試合では、6回の三高の攻撃で2対2の同点から、投手の松藤孝介（桜美林大）に1ボール1ストライクからスクイズのサインがスッと出せた。ところが寒川のときは迷ってしまったんです。そうしているうちに、ファーストライナーでアウトになってしまって……。この場面が一番自分のなかで悔やまれましたね。

前田　スクイズのサインは迷ったら出すべきじゃない。不思議なものなんだけど、スクイズを仕掛けるべき場面は、1球あるかないかなんだ。ボールカウントでもなく、アウトカウントでもない。相手バッテリーと内野手、ベンチまでもがふとした一瞬、気の抜いたときに「ここはスクイズだ！」という場面がやってくる。口ではなかなか説明しづらいんだけど、「この一瞬の間を逃してはいけない」という場面を監督が見抜かなくてはいけないんだ。

小倉　このときは「どうしようかな」という迷いのほうが先にありましたから、どうしてもサインを出せなかったんです。試合は8回にも聖光に追加点を取られて2対4で敗れてしまったんですが、勝負のポイントは7回の攻撃にあったと、そう思っているんです。

「私にとって甲子園とは」

前田　こうして見ていくと、私も小倉さんも長きにわたって甲子園に出ていたことがわかるね。私は1970年代から2010年代と甲子園に出させてもらえた。小倉さんはそれに加えて20年代も出たわけだ。

小倉　前田先生も20年夏に東東京優勝されていますが、このときは新型コロナの影響で甲子園大会そのものが中止になってしまいましたからね。

前田　それが悔やまれる。でもこのときは全国の監督さんみんな同じ状況だったわけだから、仕方がないとふんぎりをつけていたんだけどね。

小倉　前田先生にとって甲子園とはどんな場所だったんですか？

前田　選手には必ず目指してほしい場所。指導者を成長させてくれる場所。この二つに尽きるかな。監督として出場してみてわかったんだけれども、１９７８年春の初出場から春夏合わせて26回、甲子園に出させてもらったけど、毎回違う気持ちで出ていた。一度だって同じだったことはないよ。チームは生きものだから、出場する選手が違えば野球も変わる。私自身、毎回新鮮な気持ちで甲子園に行っていた。そんな思いがある。

小倉　私は、甲子園は「竜宮城のようなところ」だと思っていました。甲子園に来れば、日常のすべてを忘れて野球だけに没頭できる。勝てばそれが続くし、負ければ元の日常生活に戻る。「もう1試合、あと1日ここにいたい」と思いながら采配を振るっていました。

前田　監督だけでなく、選手は絶対に目指してほしい場所なんだ。あれは92年の三沢（興一）の代のときだったか、帝京の選手が二塁ベース付近で負傷してしまって塁審に「ちょっと来てください」って呼ばれたんだ。そのときは選手の様子が心配で一目散に二塁ベース付近まで駆け足で行ったんだけど、無事にプレーが続行できることが確認できた。「ああよかった」とひと安心してベンチに戻ろうと思ってふとあたりを見渡したら、スタンドのお客さんが満員で膨れ上がっていることに気づいたんだ。いつもはベンチのなかからスタンドの様子を見ていたけど、グラウンドから見るスタンドの景色はまったく違うなと思って感動したよ。

小倉　私は大会が始まる前の公開練習のときに、選手に交ざってセカンドあたりを守ってノックを受けたり、外野からの送球をバックホームしたりしたことがありましたが、神宮球場にはない特別な感覚というものが湧いてきて、「選手たちはうらやましいな」と正直思いました ね。

前田　甲子園の素晴らしさは甲子園に出場しないとわからない。勝ち負けは当然あとからついてくるものだけれど、それを超越した尊さというものがある。帝京や日大三の選手はもちろんのこと、この本を読んでいる高校球児や中学生、小学生たちもぜひ甲子園出場を目標に掲げて野球を続けてほしいと思っています。

第6章

なぜ東京の学校が大阪の学校に勝てないのか

「東京＜大阪」その強さの裏にあるもの

「高校野球は東京より大阪のほうが強い」と言われている。実際、数字でもそれは明らかだ。なぜ高校野球において、東京より大阪のほうが強いのか。全国の多くの強豪校と対戦してきた経験を踏まえながら二人に語ってもらった。

春のセンバツでは「東京は大阪に36年間勝っていない」という事実

前田　甲子園ではよく「大阪と東京の学校が対戦すると、大阪のほうが強い」と言われるけれども、この資料（P・188〜）を見るとたしかにそう言えるね。春と夏のデータを見比べても、夏は東京8勝、大阪9勝と拮抗しているが、春は東京の6勝に対して大阪が20勝と、東京勢をまったく寄せつけていないよね。

小倉 しかも春については、私が関東一の監督をやっていたとき（1987年）に、2回戦で市岡と当たって勝っていますが、それ以降36年間（2023年7月現在）まったく勝っていないんですね。12連敗もしているなんて驚きました。

夏は06年に早稲田実業が斎藤（佑樹）を擁して大阪桐蔭に勝って以降、16年間勝利がない。夏は大阪との対戦数が少ないとはいえ寂しい数字です。前田先生は、東京と大阪の選手の違いをどうご覧になられていますか？

前田 私が大学生の頃、全国から集まった優秀な能力を持った選手を見たときに、「関西の選手は関東、とりわけ東京とは違うな」というのを肌で感じたんですね。関西の選手は粘り強く、ちょっとやそっとではひるまない、強気な選手が多かったのに比べ、関東の選手はそうしたものが欠けているように感じました。

そこで私は帝京の監督に就任したときに、まっ先に考えたのが、「関西の学校と試合をすること」だった。東京を含めた関東の学校にはない戦い方というものを学んでそういった要素を吸収しようと思ったんです。当時の帝京はまだ弱かったけれども、ＰＬ（学園）を含めた大阪の強豪校はもちろんのこと、東洋大姫路（兵庫）などとも戦ってレベルの高い野球を経験させていきたかった。

小倉 自分も1985年に甲子園に出たときのキャプテンの寺島（一男）、エースの木島（強志。日産自動車）らが下級生だったときに、東洋大姫路に練習試合を申し込みました。試合が終わったあと、梅谷（馨）監督（２００６年11月死去）に、「東京の学校との違い」について聞いたんです。すると梅谷監督から言われたのが、

「関東の野球は小手先でサッとボールを捕りにいく野球だ。関西は1点を取るのにも執念がある。スクイズで取ると決めたら必ず決めるし、ボールをグラブにいったん収めたら絶対に離さない。それだけの執念がある」

たしかに一理あるんです。関東の人間は勝負に対する執念深さに欠けているのに対して、関西は「関東の人間に負けてたまるか」という強い気持ちを持っている。これって関東の人間からするとわからない感覚かもしれませんね。

前田　反対に関東の人間には、関西に対して幼い頃から「絶対に負けてたまるか」という気持ちが希薄なように感じる。そのあたりが大きく違う。

難しいのは、関東に住んでいる親御さんが、わが子に対して幼少の頃から、「関西に負けるな」という意識を植えつけることがないこと。関西の人間は「東京に負けるな」と強い気持ちを持って対戦に臨んでくるけれども、東京の人間は「関西に負けるな」とは教えられていない。そのせいか、東京が大阪の学校に気持ちで勝つというのは、なかなか難しいものがある。

小倉　結局、技術以上に気持ちの部分って大事なんですよ。これは精神論になってしまいますが、「絶対に負けてなるものか」という強い気持ちを野球にぶつけていけるかどうかが、勝敗のポイントになる場合もあるんです。

全国の学校と練習試合を行う意味

前田　帝京が甲子園で勝てるようになってきた80年代後半あたりから、全国から招待試合の誘いが多くなった。北は北海道、南は九州まで、全国からお声をかけていただいて、本当にありがたいと思っていた。なぜなら全国の野球と対戦できるっていうことは、その土地その土地の戦い方、傾向のようなものがあって、それを知ることができるからなんです。

あるチームでは1、2番は足技を使ってクリーンナップで返すという野球をしているところもあれば、あるチームは上位から下位まで長打が期待できる打線でフルスイングしてきた。どの野球がいい悪いということではなくて、ありとあらゆる野球を知ることで自分たちのチームの経験値が上がって、それが勝負におけるケースバイケースでの対応につながっていったからね。

小倉　ひと口に全国と言っても広いですよね。関東の一部の強豪校とだけ練習試合をやっていれば力がつくというものでもないですし、自分たちが苦手だと思える試合運びをするような学校とも練習試合をすることで、おのずと腕が磨かれていく。これは選手の力量だけでなく、1試合のなかであらゆる状況を想定して練習試合を行うことで、スキルが身についていくものなんです。

前田　そう。だから1試合終わるだけで、知力、体力、判断力のそれぞれを普段の練習以上に発揮するから、試合が終わったあとは選手がみんなクタクタに疲れ切っているんだよね。

小倉　そうして実力が磨かれていくのであれば、いいことしかないと思います。

春のセンバツは大阪が出場する確率が高い

小倉　私は近畿地区で大阪の高校が選ばれる確率については一つ、思うところがあるんです。それは、「春のセンバツでは、大阪の高校が出場する確率が高い」ということ。

秋の近畿大会を例に挙げると、出場する16校のうち大阪と兵庫からは毎年3校が出場できる（京都、滋賀、奈良、和歌山の4府県は隔年で2校、3校の出場となる）。そうなるとまず現在一番強いとされる大阪桐蔭は、大阪府の予選でベスト4までには確実に入れる。仮に決勝で負けてしまっても、3位決定戦で勝てばいい。そうして近畿大会に出場して、一つ勝って準々決勝まで行ければ、センバツ出場校に選ばれる可能性が高くなる。こうした図式が成り立つんです。

前田 たしかに今の大阪桐蔭が大阪府の予選で早々に負ける姿は想像しづらいし、あれだけ優秀な選手がいたらちょっとやそっとじゃ崩れないと思うわな。

小倉 これに対して東京の場合は、東京大会の決勝まで勝ち抜かないと、センバツ出場のチャンスが得られない。そればかりか、決勝でワンサイドの大敗をしてしまうと、センバツ選考の際、「決勝で大きく崩れてしまった」という理由で、他の関東の学校と比較した際に、東京の学校がはじかれてしまう可能性が高い。この点では東京の学校は不利だと思うんですよね。

前田 「東京も秋の関東大会に出場すれば解決できる問題だろう」という声も上がるが、制度上、そうなっていない以上は、現行のルールに従って戦っていくしかない。その過程でいけば、東京は決勝で負けるにしても〝負け方〟というのが問われてくる。

関東の他の県では県大会の決勝までいけば勝っても負けても関東大会には出場できる権利があるから、控えの投手だったり、野手を起用して経験を積ませることができるけど、東京はいかんせん、そんな事情もあるからそれができないのは痛い。

小倉 難しいのは承知なんですが、東京はセンバツ出場を狙ううえでこうしたハンディがあるというのも、実際に戦っていて感じていましたね。

西谷監督のフットワークのよさはこんなところにある

小倉　今の高校野球は大阪桐蔭が頭一つ抜けていると言われていますが、その背景には西谷（浩一）監督の精力的なスカウティング活動が見逃せないですよね。

前田　たしかに大阪桐蔭は強い。西谷監督のもとには中学時代に硬式野球で全国制覇をした選手、全国でも名の知れた選手が多数集まるけれども、彼のフットワークのよさは素晴らしいものがあるね。

小倉　自分が当時部長だった三木（有造。現・日大三監督）と千葉の有望選手を見に、千葉県内のとあるグラウンドに足を運んだんです。するとそこに西谷監督の姿があった。自分は「どうしてこんなところにいるんだ？」と驚いて、本人に直接話を聞いてみると、「関西空港から成田空港に飛行機で来た」と言うんです。こう言ったら失礼にあたるかもしれませんが、千葉の田舎までわざわざ選手の情報を聞きつけて、実際に来てしまう彼のフットワークのよさには舌を巻きました。

前田　そうしていい選手を獲得して育てていく。その手法もありと言えばありだろう。ただ、その裏で、大阪桐蔭に入って試合に出られずに3年間、終わった選手もいる。「この選手は将来プロに行くだろうな」という人材がいたとしても、3年生のときにはベンチにも入っていないということもある。そうしたケースが実際にあるのはもったいないよね。

小倉 高校に入って伸びなかったのか、それとも埋もれてしまったのか。あるいは両方なのか――。考えられる原因はいくつもあるんでしょうが、大阪桐蔭では活躍できなかったという事実があるということは、間違いないと思うんです。

前田 今は「いい選手はどこそこにいる」となれば、甲子園に何度も出場している常連校の関係者が足を運んで実際にその選手のプレーを見て、本当によければあとは奪い合いとなる。その選手が来たら甲子園に出られる見込みが高いからそうするんだろうけど、それだと「スカウティングがうまくいけば、あとは現場に任せればいい」となってしまう。これだと本当の意味で、「指導して伸ばす」ということにつながらないんじゃないかという懸念がある。

野球以外の競技も見て、「いい選手を引っ張ってくる」ことも考える

小倉 自分が関東一の監督になって間もない頃、根本（陸夫）さんからこんなことを言われたんです。

「有望な中学生に『ぜひうちに来てください』と言ったって、野球部として何も実績のない君のところに来るわけないじゃないか。ならば、バスケットボールやバレーボール、バドミントンなど、他の競技で優秀な成績を残した中学生を野球部に引っ張ってきて、育てていくというやり方だってあるんじゃないか」

これって実は真理を突いているなと思ったんです。中学時代に野球をやっていて優秀な成績を残したからスカウトして、高校の野球部に入れるんじゃない。運動能力の高い中学生をスカウトして、高校で野球をやらせて潜在的に持っていた素質を開花させる。この方法もありなんですよね。

前田　たしかに私も帝京の監督に就任した当初は、5段階評価でいえば2か3の子が多く集まっていた。それをどうやって4から5にしていくのかが、指導者としてのやりがいであり、私の楽しみの一つでもあった。本当は中学時代である程度完成した選手ではなくて、「中学時代はこれといった実績はないけど、どこまで伸ばせるのか」、その可能性を信じて指導するほうが、指導者としてはやりがいがあるんだと思うね。

小倉　関東一でも「野球しかできない」という選手はいました。裏を返せば、「野球以外のスポーツはてんでダメ」ということになるんですけど、それだと言葉は悪いのですが、「野球ロボット」になってしまう。

本当であれば、野球以外にサッカーやバスケットボール、テニス、水泳など他のスポーツもできるのがいいんでしょうけど、今時の入部してくる生徒は野球しかやってこなかったという子が多いですね。

前田　同感だね。いろんなスポーツのできる子のほうが、体の柔軟性であったり、股関節の使い方などがうまかったりする。それが野球で言うところの速いストレートを投げたり、打撃で遠くに飛ばしたりと、何かしらの長所につながることだってある。小学生の段階ではできればひと通りのスポーツを子どもに経験させて、そのうえで野球の能力を伸ばすということをするのが理想なんだけどね。

「西高東低」は昔から言われていたこと

前田　甲子園ではよく西日本の学校がベスト8までに5校以上勝ち進むと、「西高東低」という言葉で表現されることが多い。「関東を含めた東日本だって頑張っているんだぞ」と声を大きくして言いたいところではあるんだけれども、実際には結果が出てしまっているんだから反論できない部分はある。

この資料（P・190）を見る限り、たしかに東日本より西日本の学校のほうが上位にきていることがわかる。そうなると「西高東低」というのは、最近言い出したことではなく、昔からそうだったとも言えるよね。

小倉　三高も帝京も下位にランクインしていますが、上位の学校名を見ると「なるほどな」と思ってしまいます。

前田　なかでも目を引くのは、やはり大阪桐蔭だね。91年春夏の甲子園に出場して以降、2002年に出場するまで10年以上の空白期間があったにもかかわらず、甲子園の通算勝利数が75勝と急激な勢いで勝ち星を積み重ねてきていることがわかる。今は大阪桐蔭を中心に高校野球が回っていることは間違いないね。他の地区の高校にも関西出身の選手がチームに交ざっていると、チームが活性化されることは否定できない。

他県から来ている選手には心のケアを

小倉　関西から来ている生徒は覚悟を持って来ていますからね。東京の子は休日ともなれば自宅に帰ってのんびりすることもできますが、関西を含めた地方から来ている子たちは、なかなかそうはいかない。たまの休日には、自分が焼き肉屋に連れていって、おいしいものを食べさせたり、九十九里のうちの家に呼んだりして、できる限りの心のサポートはしてあげていましたね。

関西ではないんですが、関東一時代の教え子、武田勝（立正大－シダックス－日本ハム・05年大学生・社会人ドラフト4巡目）がそうでした。彼は愛知県から来ていたんですが、休みの日だからと言って、気軽に帰れる距離ではない。そこで武田を自宅に連れて帰って、一緒に食事をしたり、海に連れていったりと、合宿所から離れたところでフォローするようにしていました。

前田　そうした心遣いは絶対に必要だし、大切なんだよ。ただ野球だけやってくれればいい、勝つためにプレーしてくれればそれでいい、などという考えを指導者は持ってはいけない。うちの場合で言えば、「帝京で野球がやりたいから来ました」という選手の気持ちを最大限に配慮して、地方から来てお父さんやお母さんに会えない寂しさをいち早くわかってあげられるようにしているし、親元から離れて来ている選手の心のサポートは必ずするべきだと思っている。

小倉　同感ですね。何度も申し上げますが、彼らは野球をやるだけのロボットじゃないんです。血の通った、人間味あふれる高校生なんです。日頃から家族に会えない寂しさを監督である自分はできる限り言葉を交わして、「よし、明日も練習頑張ろう」というポジティブな気持ちが持てるようにしていましたね。

前田　それはとても大事だよ。昔の帝京は合宿所がなかったので、学校に通える選手だけだったけれども、今は違う。地方から来ている選手たちが充実した生活を送れるように、指導者が配慮することが必要な時代だということを認識していなければならないんです。

「こんなの帝京の練習やあらへん」

前田　一方で関西の生徒を関東の高校が受け入れる態勢を用意することも大切だと思うんですね。関西、とりわけ大阪から来ている選手というのは、遠慮せずにはっきりものを言うことが多い。東京の選手だと、相手を傷つけないような言い方をしようと考えがちだから、「ダメなものはダメ」と言えないことがときとしてデメリットになることがある。

今から3年前の新型コロナウイルスで春、夏の甲子園が中止となったときの当時のキャプテンが、まさにこの例に当てはまった。彼は大阪から来ていたんだけれども、1年生のときの練習中、チームの緊張感がなくなって集中力が切れたような状況に陥ったことがあった。

そのとき彼はこう言ったんだ。

「ちゃうちゃう。こんなの帝京の練習やあらへん」

周りはみんなポカンとした顔をしていた。そりゃそうだよ。それまで強烈なキャプテンシーを持った選手はいたけれども、大阪弁で「ちゃうちゃう」とダメ出しするような選手はいなかった。それだけに、彼の言葉はものすごくインパクトがあったんだ。

小倉 関西出身の選手は、関東の選手と比べて物事をはっきり口に出して言いますよね。ときとしてそれがよい方向に作用することがあるのは間違いないですね。

前田 昔、とりわけ今から30~40年前の帝京は、下町出身の中学生を多く獲っていた。江戸川区や足立区の子はみんなハングリー精神があったんだ。

私は選手を獲得するにあたって、その子がどんな家庭環境で育ってきたかを知るために、自宅に行って話をしていたんだけれども、六畳一間の部屋で家族4人で生活している子もいた。こういう子は文字通りハングリー精神の塊でね。野球に関しても一生懸命取り組む姿に私自身も大いに感銘を受けたんだ。

小倉 ハングリーな気持ちを持っていることは大切ですね。自分も関東一の監督時代は、前田先生と同じように、江戸川区や足立区、墨田区あたりの中学生に注目するようにしていました。

前田 もちろん、今ではずいぶん状況が変わってきているから、ハングリー精神というのが昔に比べて薄らいできているように感じる。「野球を頑張って、ひと旗揚げてやる」という子は減ってきていて、そういうことが勝負度胸の面でどん欲さに欠けている、と私は分析しているんです。
そこで関西の血を入れて、チームを活性化させることで、今までとは違った化学反応をさせるということを試みているというのが、今の帝京ではあるんだけどね。

小倉　チームというのは生きものですからね。「こうすれば勝てる」という法則はないだけに、時代が進んで行くにつれて適宜変えていくというのも、チームを強化するうえでは欠かせない手法だと思います。

身近に目標をつくらせて指導することは大切

前田　私はもともと、自宅から通学できる生徒を獲って強化してきた。親御さんが仕事で頑張る姿、わが子を応援してくれる姿勢などを日々の生活で見ながら、「自分はこれだけ親に助けられているんだ」と感謝の気持ちを持って野球に打ち込むことが一番だと考えていたからなんです。
けれども最近は違う。しつけから何から、すべて学校に任せてしまうような親御さんもいる。本来であれば、「それは家庭でやるべきことでしょう」ということまで、学校に預けてしまうところがあるので、子どもたちも集団生活のなかでのルールを知らない、マナーを身につけていないなど、預かった側からすると困ってしまう事態が発生している。

小倉 学校側で教えられることには限界があります。集団生活におけるマナーやルールについては、自分たちで教えることはできますが、今は食事のマナーについても、家庭で教えていないこともありますからね。「えっ、ここまで教えなきゃいけないの?」ということは、私が監督時代の晩年にもしばしばありました。

前田 俗に言う「知育」「徳育」「体育」というのも大事だというのはよくわかっていたし、それに加えて私は早い段階から「食育」にも目を向けていた。けれども、今は食育についてもあまり考えていない家庭も多いように感じます。「手軽に食べられるから、食事は菓子パンを与える」という親御さんもいる。菓子パンでは野球の体づくりで必要な栄養素は補えないので、やめてほしいところなんだけど、両親とも共働きだったりするとそこまで行き届かない。

だから私は、「今の時代は通学させるのではなくて、合宿所に入れて知育、徳育、体育、そして食育のすべてを教育するという意識でやらなくてはいけない時代なんだな」ということを感じていた。

小倉 三高はもともと合宿所生活ありきで選手を獲っていますから、多少遠い距離でも生活していける基盤がある。食事もきちんと作ってくれたものを食べるので、食に関しては問題ないと思っています。

一方で、自宅に帰れる距離の選手を獲得するというのも、理想としてあるんですよね。三高は基本、大会前とか大事な時期以外は、二週に一度月曜日に全体練習をせず休みにしていました。ですから月曜日の夕方に、「お母さんの手料理を食べて、心身ともにリフレッシュしてきなさい」と言って実家に帰らせるんです。これが選手間でも好評で、実家に帰って英気を養ってからまた学校に戻って野球をやる。こうしたサイクルを大事にしていましたし、今も新監督になった三木がそれを引き継いでやってもらっています。

前田　選手は高校3年間、ただ野球をやっていればいいわけじゃない。1ヵ月、1週間単位でメリハリをつけた練習を行っていくなかで、家に帰る時間もつくる。それを目標に頑張る選手だっているだろうしね。

小倉　本当にそうですね。家に帰れる日がある。休みがある。私生活でも、ちょっとした目先の目標を持てるように選手のやる気を引き出すやり方というのは、これから先も大切になってくるんじゃないでしょうか。

東京が大阪の学校に勝つにはこれしかない

前田 あらためて考えてみるけど、東京が大阪の学校に勝つには、やっぱり泥臭い野球をやるしかないんだと思う。守備は一つひとつのアウトを確実に取りにいく。みんなが驚くようなファインプレーやトリックプレーなんかはいらない。エラーなく堅実にアウトを取る姿勢が大切なんです。

もちろん、しっかりスイングして、強い打球を打つことも必要だけど、同時に走者が出たらきちんとバントで送って、確実に走者を進塁させることも大事なんです。仮に一死三塁という場面をつくった場合でも、ヒットで走者を返そうと思わなくてもいい。セカンドゴロ、ショートゴロでも得点が奪えるように、普段から走塁の練習をきちんとやっておく。こうした堅実な野球を積み重ねていくしかないと思うんです。

小倉 おっしゃる通りですね。どんなに強打、豪打のチームだと言われても、打線は水ものですから、100%信用しちゃいけないと思いますし、得点圏に走者を進めても、必ずヒットが打てるわけではないですからね。

前田 そのためには守備の練習も必要なんです。うちは「強打の帝京」と言われていたけど、その裏には確実にアウトが取れる守備力を養うように心がけていた。守備からリズムをつくって攻撃につなげていく。高校野球の定石と言われるこの形は崩しちゃいけないと思っています。

小倉　守備は大切です。どんなに打てなくても、投手が抑えて、味方がエラーなく守っていれば相手も0に抑えることができる。そのための守備力は必要ですから。

前田　ひと口に守備を鍛えると言っても、「守備練習、嫌だな」と思う選手も少なくない。この点は今も昔も変わらないんだけれども、それだけに守備練習をいかに楽しくやらせるかは、指導者の腕の見せ所なんだと思います。

小倉　自分は一方通行にならないように、選手たちと会話するようにしていましたね。いいプレーだけでなく、たとえ思い切ったプレーをした結果、エラーをしてしまっても、「いいぞ！今のダッシュはいい！」「その気持ち、大切だぞ」と褒めますし、覇気のないプレーをしたときには、「そんなんじゃノックやっている意味がないじゃないか！」と叱ることもあります。

前田　小倉さんの言う通り、メリハリをつけることが大切ですよね。ノッカーはただノックしていればいい、選手はただボールを捕って投げればいいでは、選手の気持ちがどこかで切れてしまいがちだし、集中力が途絶えて飽きてしまうよね。

小倉　そうしたときに一番怖いのがケガです。気の抜いたプレーをしたときって、想定していないアクシデントが起きることが往々にしてある。それだけは避けなくてはなりません。

前田　私はノックをするときは、必ず選手の気持ちを盛り上げるように心がけていた。選手たちには常々、「ノックはショータイムだと思ってテンションを上げていこう」と言って、本当に盛り上げていたよ。そうしてテンションを上げて活気を生み出すことで、ノックが楽しいものへと変わっていくんですよ。

小倉 普段の練習から選手に率先して取り組んでもらうために、指導者がどう盛り上げていくべきなのか。この点は多くの指導者が考えなくてはいけないポイントかもしれませんね。

前田 いずれにしても、大阪だ、関西だと変に意識しないためにも、格好いい野球は捨てて泥臭い野球をやっていくことを心がける。「泥臭い」と言ってしまうと、「また古いことを」と言われてしまうかもしれませんが、攻守において1点を大事にする野球ということなんです。これを実践できるかどうかがポイントになってくるんじゃないかなと思います。

資料3 東京と大阪の過去の対戦成績

春〈東京6勝／大阪20勝〉

年(回)	回戦	対戦結果
1924年(第1回)	準決勝	○早稲田実業6−5市岡中●
1950年(第22回)	準々決勝	●明治5−7北野○
1954年(第26回)	準々決勝	●早稲田実業1−3泉陽○
1955年(第27回)	1回戦	●立教0−6浪華商業○
1957年(第29回)	2回戦	○早稲田実業1−0寝屋川●
1961年(第33回)	1回戦	●日大二0-8浪商○
1964年(第36回)	2回戦	●日大三2−7浪商○
1965年(第37回)	2回戦	●荏原2−4PL学園○
1969年(第41回)	1回戦	●日体荏原1−16浪商○
1971年(第43回)	決勝	○日大三2−0大鉄●
1980年(第52回)	1回戦	○帝京2−0北陽●
1982年(第54回)	決勝	●二松学舎大附2−15PL学園○
1984年(第56回)	決勝	○岩倉1−0PL学園●
1987年(第59回)	2回戦	○関東一5−0市岡●
1987年(第59回)	準々決勝	●帝京2−3PL学園○
1987年(第59回)	決勝	●関東一1−7PL学園○
1990年(第62回)	1回戦	●帝京3−4北陽○
1994年(第66回)	1回戦	●拓大一0−10PL学園○
1998年(第70回)	2回戦	●創価0−9PL学園○
2002年(第74回)	1回戦	●二松学舎大附4−5大体大浪商○
2004年(第76回)	1回戦	●二松学舎大附0−5大阪桐蔭○
2014年(第86回)	1回戦	●小山台0−11履正社○
2015年(第87回)	1回戦	●東海大菅生0−8大阪桐蔭○

2017年（第89回）	1回戦	●日大三5−12履正社○
2022年（第94回）	準決勝	●国学院久我山4−13大阪桐蔭○
2023年（第95回）	準々決勝	●東海大菅生1−6大阪桐蔭○

夏〈東京8勝／大阪9勝〉

年（回）	回戦	対戦結果
1916年（第2回）	決勝	○慶應普通部6−2市岡中●
1917年（第3回）	1回戦	○慶應普通部5−3明星商業●
1946年（第28回）	準決勝	●東京高師付中1−9浪華商業○
1951年（第33回）	1回戦	●早稲田実業5−7都島工業○
1957年（第39回）	2回戦	○早稲田実業1−0寝屋川●
1962年（第44回）	2回戦	○日大三5−2PL学園●
1976年（第58回）	決勝	○桜美林4−3PL学園●
1980年（第62回）	1回戦	○早稲田実業6−0北陽●
1987年（第69回）	準決勝	●帝京5−12PL学園○
1989年（第71回）	2回戦	●東亜学園0−1上宮○
1991年（第73回）	準々決勝	●帝京2−11大阪桐蔭○
2003年（第85回）	1回戦	●都立雪谷1−13PL学園○
2004年（第86回）	2回戦	○日大三8-5PL学園●
2006年（第88回）	2回戦	○早稲田実業11−2大阪桐蔭●
2019年（第101回）	準々決勝	●関東一3−7履正社○
2021年（第103回）	1回戦	●東海大菅生4−7大阪桐蔭○
2022年（第104回）	3回戦	●二松学舎大附0−4大阪桐蔭○

※2023年7月現在

資料4 甲子園出場校　通算勝利数ランキング

順位	学校名（都道府県）	合計			春			夏		
		勝	負	分	勝	負	分	勝	負	分
1	中京大中京（愛知）	136	48		58	27		78	21	
2	龍谷大平安（京都）	104	72	1	43	41	1	61	31	
3	PL学園（大阪）	96	30		48	17		48	13	
4	県立岐阜商業（岐阜）	87	55	1	48	26	1	39	29	
5	松山商業（愛媛）	80	35	1	20	14		60	21	1
6	天理（奈良）	79	51		30	24		49	27	
7	東邦（愛知）	77	43	1	58	26	1	19	17	
8	広陵（広島）	76	46	1	42	23	1	34	23	
9	大阪桐蔭（大阪）	75	16		34	9		41	7	
10	智弁和歌山（和歌山）	70	36		27	13		43	23	
11	早稲田実業（東京）	66	48	2	23	20	1	42	28	1
12	報徳学園（兵庫）	64	34		36	20		28	14	
13	広島商業（広島）	63	37		20	21		43	16	
14	明徳義塾（高知）	62	40		25	19		37	21	
14	高松商業（香川）	62	46		37	26		25	20	
16	高知商業（高知）	61	36		23	13		38	23	
17	横浜（神奈川）	60	31		23	13		37	18	
18	仙台育英（宮城）	57	42		16	14		41	28	
19	日大三（東京）	54	35		27	19		27	16	
20	帝京（東京）	51	23		21	13		30	10	

※2023年7月現在

第7章

東京から「大谷翔平」が生まれない理由

プロでも活躍できる選手が持っているものとは

２０２３年、ＷＢＣが開催され、野球シーズンが始まって以降、「大谷翔平」の名前をメディアで目にしない日はない。それほど大谷は一般にも知れ渡る選手になった証拠でもある。

一方で、こと東京から大谷のような選手が生まれるかと言われれば、「？」がつく。

そこで東京から大谷のような選手が生まれる可能性があるのか、それともないのかについて、二人がこれまで育ててきた教え子とのエピソードも織り交ぜながら語ってもらった。

東京からは大谷のような選手は出てこない

前田　私は高校時代の大谷選手のすごさは、11年夏の甲子園の1回戦で見ていたけれども、その後の活躍は目覚ましいものがある。日本のプロ野球、アメリカのメジャーリーグと進んで、毎年のようにスケールアップしている。長い高校野球監督人生のなかでもこんな選手は今まで見たことなかったよね。

小倉　二刀流で21年シーズンのメジャーMVP。「大谷ルール」と呼ばれるメジャーのルールもできて、今年開催された第5回WBCでも胴上げ投手にしてMVP。もうやっていることの次元が違いすぎて、自分たちの想像していることをはるかに超えていってしまっていますよね。

前田　前にも話したように（P・155〜）、彼は高校時代から高い次元でプレーしている選手だった。もちろん高校あたりまでならば、以前に比べて少なくなったとは言え「4番で投手」というのは珍しくはないんだけれども、プロ、とりわけメジャーでもそのレベルを維持できているというのが桁違いだよね。

小倉　ただ、高校野球で東京を勝ち抜くことを考えると大谷選手のような選手は難しいかもしれませんね。

前田　それはどうして？

小倉　どんなに速いボールを投げてもコントロールがよくないと使いづらいでしょう。それに予選で勝ち上がっていけば、連投ということもあり得る。そうしたなかでは、ストレートのコントロールがいいことと、変化球の精度とキレも同様に高いレベルで求められる。粗削りな投手というのは、「負けるかもしれない」というリスクを考えたら、どうしても起用しづらいですよね。あくまでも、私が持っている彼の高校時代の印象からなんですが。

前田　それは言えるかもしれないね。甲子園出場を目標に掲げたとき、どうしてもある程度まとまった投手のほうを優先して起用するし、投げるだけでなく、走者が出たときの投球術やクイックモーションなども高いレベルで完成されていないと、なかなか試合では起用しづらい部分はあるよね。

小倉　とくに東京のように激戦区と言われる地区は、その傾向が強く出てきますし、仮に継投するとなっても、打者を抑える確率の高い投手を起用せざるを得なくなる。そうなると完成度の高い投手を控えにも選んでしまうのは仕方がないと思うんです。

前田　以前は、突出した選手が投打にわたってチームを引っ張ってきて甲子園出場を果たす、という学校もあった。けれども今は違う。いい選手がいろんな学校に分散している分、どこの学校にも甲子園出場のチャンスが巡ってきている。裏を返せば、そんな選手がいるチームは、そうした学校に足元をすくわれることがあるから、なかなか甲子園出場のチャンスが巡ってこないということもあるのが今の時代、とりわけ東京の高校野球なんですね。

チャンスに滅法強かった選手の裏にあった「努力する姿」

小倉 一方で大谷選手レベルとはいかなくても、プロに行ける選手というのは縁があれば育てられます。前田先生が指導された、現在ソフトバンクで活躍している中村（晃）君はどんな選手だったんですか？

前田 中村は、高校卒業後すぐにプロ入りしても活躍してくれるだろうと思っていました。今でもよく覚えているんですが、彼の最大の持ち味は勝負強いところ。「この場面で打ってくれたら、このあとの試合展開が楽になる」「お願いだからここで打ってくれ」と願うような場面でことごとく打ってくれた。その印象が強いのは私だけでなく、当時のチームメイト全員の共通認識だった。だから試合のときは、「困ったら中村に回せ」というのが暗黙の了解だった。それでいいところで回ってきたら必ず打ってくれた。監督の立場から見て、これほど信頼できる選手はいませんでしたよ。

小倉 たしかに「この場面で打ってくれ」という選手は、どんな監督さんであっても起用したくなりますね。

前田 それに加えて、プロに入ってからの意識の持ち方も素晴らしかった。プロに入って1

年目のオフ、あれは12月に入ってすぐくらいだったと記憶しているんだけれども、中村本人から私に直接電話があって、「お正月の元旦からグラウンドを開けておいてほしい」と相談があった。聞けば自主トレを年末までやることになっていて、正月は球団の施設が使えない、正月を返上して自主トレをしたいんだ、と言うんですね。

私も断る理由がなかったし、中村のあまりの熱心さにほだされて「わかった、わかった、開けておいてあげるから来なさい」とだけ言って、元旦に学校に行ってカギを開けて待っていた。すると中村が現れて「よろしくお願いします」と言って、朝から夕方までみっちり自主トレをしていた。本当だったらおせち料理をつまんでいてもおかしくないときなのに、汗だくになって懸命にバットを振っている。

「正月くらい休んだってバチが当たらないんじゃないのか」と私が言うと、「いいえ、正月もやらないとレギュラーの選手と差が埋まらないからやっているんです」と返してきた。私はその言葉を聞いて、「1〜2年後は無理かもしれないけど、5〜6年先にはソフトバンクでレギュラーになっているかもしれないな」と大いに期待したんだ。

小倉　自分をストイックに追い込めるというのは、プロの選手であってもできるようでできないものですよね。なかには「プロに入ったことがゴール」とばかりに、遊んでしまう選手もいる。そうした選手は4〜5年でプロの世界から切られてしまうのがオチなんですが、思いのほか、当の本人が一番理解していないんです。

前田 もう一つ、中村が正月にうちのグラウンドに来て自主トレすることは、思いがけない副産物を生んでくれました。中村が懸命にバットを振る姿を見ていた後輩の杉谷（拳士）、原口（文仁。阪神・09年ドラフト6位）、山﨑《やまさき》（康晃《やすあき》。亜細亜大学－DeNA・14年同1位）たちがこぞって、「プロはここまでやらないといけないんだ」と感心していたことだった。彼の姿を見て、プロに憧れていた選手たちが、どこまでやるべきなのかの指針になったことは間違いないし、それに加えて中村が素晴らしかったのは、入団1年目のオフのときだけではなく、2年目以降、レギュラーをつかむまで続けてきてくれた。まさに中村はみんなの生きたお手本となっていたんだ。

小倉 そうした選手がいてくれると、後輩の選手たちにとってもプラスになりますね。目指すべき目標ができるというのは非常に大きなことです。

前田 高校時代にどんなに素質があっても、プロで通用するかどうかは、その後の本人の努力次第。本人は「そんなことはわかっていますよ」と言いつつも、見えないところで努力するというのは意外とできないことなんだ。その点、中村は正月返上で自主トレしている姿を見て、「こいつは普段から見えないところで練習できているんだな」ということもわかって安心しました。

小倉　本当にそうですね。

サイクル安打を打ってプロから注目されたあの選手

前田　中村の一つ後輩の杉谷（拳士）は、走攻守ともにバランスがとれていた。1年のときからショートで起用していたけれども、先輩に物怖じすることなく、チーム内で一番声を出す選手だった。あれは杉谷が3年のとき、最後の夏の大会前の桐光学園（神奈川）との練習試合で「左で打ってみなさい」とアドバイスしたんだ。その日はスカウトが見に来ることになっていたから、「右だけでなく左でも打てるところをアピールしてみたらどうだ」と私の思いつきでもあったんだけど、なんとこの試合でサイクル安打を打ったんだ。

小倉　えっ、いきなり左打席に立ってサイクルを達成したんですか？

前田　そうなんだよ。打った本人が驚いていたんだから、私も含めた周りはもっと驚いた（笑）。

小倉　それは驚くでしょうね。杉谷君は野球センスが非常に高かったんですね。

前田　ただ、プロではちょっと厳しかったな。中村のような勝負強い打撃があるわけではなく、森本稀哲《ひちょり》（日本ハム・1998年ドラフト4位。現・日本ハム守備走塁コーチ）のように突出して守備がうまいというわけではなかったから、レギュラーには手が届かなかった。

一方で、持ち前の明るい性格でベンチから盛り上げている姿を見ていたから、チームからは重宝されていたようだね。

小倉　そうした長所はチームから大事にされますよ。プロは高い技術を持つことも大事ですが、ムードメーカーも必要なんです。杉谷君が日本ハムで14年間、現役を続けることができたのは、こうした長所を最大限に生かしたから、とも言えるのではないでしょうか。

前田　実は2022年のシーズン限りで現役を引退して、年末くらいだったか杉谷が私のところにあいさつに来てくれましてね。プロ生活14年間の出来事をいろいろ話してくれたんだけれども、彼なりにポジティブな気持ちを前面に出して頑張った結果だと聞いて安心しました。最後に「ファイターズのユニフォームを監督にプレゼントします」と言ってくれたので、ありがたくいただいておきました。彼には持ち前の明るいキャラクターを生かして、第二の人生でも羽ばたいてもらいたいと期待しています。

教え子の進学先で、頭を悩ませたこと

前田　そういえば関東一時代の三輪（隆）君は大学、社会人を経てからプロに入ったけれども、彼はもともと明治志望だったの？

小倉　三輪はもともと早稲田に行きたがっていたんです。ちょうどセンバツが終わって、スポーツ紙の記者さんから「三輪はどうするんですか？」と聞かれたので、「本人は早稲田に行きたいらしいんですよ」と言ったら、「それなら明日の一面で載せましょう」と返してくれた。当時の三輪はセンバツでの活躍で一躍、「高校ナンバーワン捕手」と評価されていたから、記者さんは「インパクトがあるに違いない」と思って一面に載せたんだと思うんです。

そうしたら数日もしないうちに、関東一の監督時代に何かと目をかけていただいた光沢毅（飯田《いいだ》長姫《おさひめ》〔長野。現・飯田ＯＩＤＥ長姫〕－明治大－三協精機）さんから電話があって、「三輪を明治に迎えたい」と言ってきた（笑）。「選手の進路を勝手に決めないでくださいよ」とは思ったんですが、光沢さんの話によると、「（当時、沖縄水産〔沖縄〕のエースだった）上原（晃）を明治に送り込むから、彼とバッテリーを組ませたい」と言うんです。そんな思惑もあるんだなと思いつつ、三輪本人に明治の件の話をしたら、「明治に行きます」と言ってくれた。これで万事解決したと思ったんです。

前田　たしかにそれで終わったと思うよね。

小倉　ところが今度は、当時西武で管理部長をやっておられた三高ＯＢの根本（陸夫）さんから、「『小倉は『三輪は明治に行く』と言い続けていればいいんだ」と言われた。当時のドラフトは今のようにプロ志望届を出さなければプロからの指名を受けられないということがなかったので、「いったい何をしてくるんだろう」と内心ひやひやしていたんです。

前田 帝京からは当時の西武に入団した選手がいなかったからわからないことが多いけれども、根本さんはそういうところがある人なんだね。

小倉 そうかと思ったら、今度は阪神のスカウトをされていた田丸（仁。元・法政二、東京オリオンズ監督。1993年2月死去）さんから銀座に食事に誘われた。自分は三輪を高校からいきなりプロに行かせるつもりはなかったので、食事そのものも断ろうと思ったんですが、「まあ、いいじゃないか」と言って席に座ることをうながされたんです。

すると「小倉君は三輪を明治に送り込めばそれでいい。もしプロに行かせるようなことがあれば、君はこの世界で食っていけなくなるぞ」って言われたときには、「もう、勘弁してくださいよ」と泣きが入りましたよ（笑）。

前田 ますます小倉さんが困った（笑）。もうなるようにしかならないという心境だよね。

小倉 結局、三輪は明治に進むことになり、上原も明治に……と思いきや、中日にドラフト3位で指名された。当時の中日の監督は明治大学出身の星野（仙一。中日、阪神、楽天で監督。2018年1月死去）さんでしたから、光沢さんとの間で何か話があったのかもしれません。

前田 たしかに何かあった、とも考えられなくはないね。でも結果的に三輪君も大学、社会人を経て1993年にドラフト2位でオリックスに入団することができたし、みんながWIN－WINになったんじゃないのかな。

高校でプロ入りを目指していた選手の本気度

前田　捕手の話が出たところでもう一つ。小倉さんは今季、広島でレギュラー捕手として活躍している坂倉（将吾。広島東洋カープ・2016年ドラフト4位）君のことを、高校時代はどう見ていたの？

小倉　自分はプロしかないと思って見ていました。彼はまだ中学2年生だった年の冬、うちの名物になっている強化合宿をレフトの後方からお父さんと一緒に見に来てくれていたんです。彼とはそれ以前に一度会って話をしたことがあったんですが、このときはグラウンドに来るように声をかけて、練習のあと、合宿所の食事をご馳走したんです。

すると、「高校はこちらでお世話になりたいです」と言ってくれた。翌年、彼は八千代中央シニアで全国優勝を果たして、10校以上の全国の野球強豪校から誘いがあったそうですが、それでもうちを選んでくれた。そのことは本当にうれしかったですね。彼の在学中は一度も甲子園には行けなかったんですが、野球に取り組む意識が高く、基礎練習もおろそかにしなかった。本人はすでにこのとき「高校を卒業したらプロに行きたいんです」と言っていて、素質も十分あると思って見ていました。

前田　彼が高校3年生の最後の夏は、準決勝で東海大菅生に敗れた（2対4）んだね。でも東京でも突出した、いい捕手だった。

小倉　もちろん高校を出てすぐに使いものになるとは思っていませんでしたが、彼を鍛えに鍛えてくれる球団であれば、十分レギュラーのチャンスがあると思っていました。坂倉はプロから10球団はお声をかけていただいて、そのなかに広島もあったんです。カープには鈴木誠也（二松学舎大附－広島・12年ドラフト2位。現・シカゴ・カブス）や田中広輔（東海大相模－東海大－JR東日本－広島・13年同3位）、堂林翔太（中京大中京－広島・09年同2位）と彼らが高校時代に三高と対戦したことのある選手もいたので、「カープと縁があるといいな」と思っていたんです。結果的に指名してくれてうれしかったですね。

前田　結局はどのチームに入るかも大切ですよね。高校とは違って、プロに入るには球団を選べない。それこそドラフト1位レベルでいくつもの球団と競合すれば「運」が大切になってくるし、2位以下の指名だって順番に指名されていくなかでの「縁」があるかどうかにかかってくる。その意味では、坂倉君はいいチームに入ったよね。

小倉　その翌年、カープはポジションが同じ捕手で重なる広陵の中村（奨成）をドラフト1

位で指名しましたけれども、カープのスカウトは「坂倉君の練習での頑張りを見ていたら大丈夫です。彼はカープの屋台骨を背負ってくれるはずです」と太鼓判を押してくれた。本人からも当時から先輩投手とうまくコミュニケーションをとれていると聞いていましたし、捕手の守備練習や打撃練習もかなり熱を入れてやっているとも聞いていた。それだけに今の活躍は本当にうれしいんです。

前田　うちの中村と一緒で、この先も厳しい鍛錬を積み重ねていくかが大切になってくる。今、プロ野球の世界では「打てる捕手」というのは貴重だから、長所の打撃と課題のリード面の両方をうまく伸ばしていってほしいね。

かつては問題児だった横浜のストッパー

小倉　また先生の教え子の話になりますが、山﨑（康晃）君の高校時代はどんな選手だったんですか？

前田　彼はね、意外と問題児だったの（笑）。もともとは森本稀哲のお母さんが彼を紹介してくれたのが縁で知り合ってね。ストレートもいいものを持っているし、勉強の成績はまあ普通だし、うちでも問題なくできるかなと思って入れたんだ。

ところが大の勉強嫌いで、先生から与えられた課題をなかなかやろうとしない。帝京は私が監督を引き受けた当時よりも学力はかなり上がっていて、その点では野球部員も野球だけをやっていればいいわけじゃない。だから勉強も頑張らないといけなかったんだけれども、山﨑はあまりにもひどすぎたんでね、あるとき部室で勉強させて、「課題が終わるまで、練習に参加させない」と言ったわけ。

ところが彼はそれに反発して、あろうことか家に帰ってしまったんだ。そうしたらほどなくして彼のお母さんから電話があって、「どうしても野球を続けさせたいんです」と電話の向こう側で泣きながら話している。そこで私が「学校の門の前で待っているから、本人を連れて来てください」と言って、しばらくしたら本人とお母さんがタクシーに乗って一緒にやって来た。そこで話し合いですよ。

「こんなにお母さんを悲しませて、お前はどう考えているんだ?」

私がそう言ったら彼も反省してくれたみたいで、「一生懸命やります」と返してくれた。そこからは勉強と野球をどうにか両立させていきましたよ。

小倉　勉強で苦労する選手は多いので、自分も前田監督の気持ちはよくわかります。

前田　ただ精神面での課題もあった。試合が拮抗した展開で投げさせると、四死球を出したり、痛打されたりすることがたびたびあったんだけれども、試合が決まった展開で投げさせせると好投する。10年春のセンバツのベスト8で沖縄の興南と対戦したとき、試合がほぼ決まった7回途中からマウンドに上がって残りのイニングを無失点に抑えた。これが競った展開だったらどうなっていたのか。そう考えるときもありますね。

小倉　そういう投手はいますよね。監督の立場で言わせてもらうと、どうしても信頼度という点では欠けてしまいますよね。

前田　夏は東東京予選の5回戦で国士舘に6対14で負けて終わったんだけれども、この直後、彼は「プロに行きたい」と言い出した。「お前の今の実力では、獲ってくれる球団なんてないよ」と言ったんだけれども、頑として聞く耳を持とうとしない。そこでプロ志望届を出して、「ドラフトの結果がどうなるか見届けよう」と言ったんだ。

そうしたら結果は私の予想通り指名なし。そこから本人と話し合って亜細亜大学への進学を決めて、「この4年間、一生懸命に野球に取り組んでみなさい」と言って送り出したんですよ。

小倉　仮に高校卒業の時点でプロに行っていても厳しい結果となっていたかもしれませんね。なまじ潜在能力があるばかりに、自分を過信してしまうことも十分考えられます。

前田　私もそう思って、大学球界でも屈指の厳しさがあると言われる亜細亜をすすめたんだ。そうしたら3年後、私が解説の仕事で神宮球場に行ったとき、偶然彼に会ったんだよ。風貌も高校とは比べものにならないくらい大人びて見えて、言葉遣いも丁寧になっている。
もっと驚いたのは、「教職を取ろうと思って、今度高校に実習に行くんです」と言っていたことだった。「あんなにいいかげんでやんちゃだった山﨑が……」と驚いたけど、直後にうれしさもこみあげてきましてね。このときの彼の姿と言動を見て、「これならプロに行っても大丈夫だろう」と安心したのを今でもよく覚えていますよ。

小倉 やっぱり厳しい環境でもまれるというのも、選手によっては必要なんでしょうね。

前田 それは間違いなくある。プライドだけは一人前に高くて、精神面に幼さの残るような選手は、こうした方法でプロに指名されるレベルに引き上げてやるのも一つの手なのかもしれないですね。

ブレーキをかけながら大事に育てた投手

前田 そういえばうちの山﨑と同じ年の春にセンバツに出場して、準優勝した山﨑(福也)君はどう評価していたの?

小倉 彼は入学前に脳腫瘍の手術をしていたので、大事に育てました。もともと頭が痛いとか自覚症状もなく、それまでにも野球はもちろんのこと、日常生活も送れていたそうなので、

本人は退院して、入部したらすぐにみんなと一緒にやりたがっていました。ただ、自分は手術じた箇所が箇所なだけに、

「ここでみんなに追いつこうと思って無理をして焦ってもよくない。焦らず着実に練習していこうじゃないか。それがお前のためにもチームのためにもなるんだよ」

そう言って、山﨑の焦る気持ちを自分がブレーキをかけていましたね。

前田　いくら無事に治ったとはいえ、箇所が箇所だからな。小倉さんに限らず、どんな指導者でも慎重になるでしょう。こればかりは仕方がない。

小倉　ただ、投手としてもそうですが、打撃でも目を見張るものがありました。ですから1年秋からベンチ入りして、2年生になると背番号3をつけて「5番・ファースト」で夏の甲子園にも出ましたし、3年春は投手として準優勝と、着実に階段を上っていったんです。

前田　1回戦から決勝まで、とにかくよく打っていたなあというイメージが強いね。

小倉　23打数13安打、打率5割6分5厘。このとき彼が打った13安打は、センバツの1大会における通算安打の最多タイ記録（95年、観音寺中央［香川］の室岡尚人が記録）になっているそうです。前年の夏は打率が1割台だったことを考えると出来すぎと言えなくもないですが、打つほうでも十分貢献してくれたと思います。

前田　彼なら大谷選手のように二刀流もできたかもしれないけどな。どうだろう？

小倉　彼の打撃技術は高いものがありますから、ひょっとしたら……と考えなくもないですが、普段は打って、登板前には投げるほうも気を配らなくてはいけないとなると、心身ともにものすごいエネルギーが必要です。それを考えると、現実的には難しいかもしれませんね。

進路を見極める判断の難しさ

前田　吉永（健太朗）君は大学に進学しましたよね。これは本人の希望だったの？

小倉　吉永は入学前に右ひじに不安を抱えていました。それを完治させてから入部してきたんですが、順調に伸びてくれたと自分は見ていたんです。同じことはプロのスカウトも言ってくれていました。彼が3年生になった11年春のセンバツの直前に、「吉永君はどこまで成長しているのか、本当に楽しみですね」と言ってくれるスカウトもいたくらいですから。

いざセンバツが始まって1回戦から3試合、準々決勝まで順調に勝ち進んだのですが、準決勝の九州国際大付（福岡）との試合では2対9と大敗を喫しました。その直後、プロのスカウトと話す機会があったときに、こんなことを言われたんです。

「吉永君は思っていたよりも成長していませんね」

このとき、「プロの吉永に対する評価は、そんなものなのか」と落胆したんですけど、ほどなくして早稲田大学から「ぜひ吉永君がほしい」という話が舞い込んできたんです。ただ、いったん早稲田に了承してしまうと、後々になってから進路変更はできない。もしこの時点で早稲田と決めたら、どんなことがあっても早稲田に進学してほしい、と言われたんです。

前田　大学からすれば、その縛りは仕方がないね。でも、プロの評価が想像していたものと違って低かったことを考えると、何がベストな選択なのか、一緒になって考えられるのが監督であるのは間違いないね。

小倉　自分は吉永本人と、彼のご両親を交えて話しました。

「早稲田から話が来ているけど、東京六大学に進みたいということであれば、夏の甲子園大会が終わったあとでも明治や法政に進路を決めることができる。けれども早稲田に行くなら今決めなければならない。もし『早稲田に行く』と決めたら、このあと夏の甲子園で優勝しようが、進路変更は一切できない。どうする?」

彼は両親とよく話し合っていました。そうして出てきた答えが「早稲田に行きます」だったんです。

前田　明治でも法政でもなく、早稲田一本ということだったんだね。

小倉　そうです。そこで自分が「わかった。でもくどいようだけど、このあと、何があっても進路は変えられないからな」と言って、早稲田に連絡を入れたんです。

前田　この時点で本人にとってベストだと思える選択をしたわけだから、それでいいんじゃないかな。

小倉　結果はご承知の通り、全国制覇を成し遂げて、吉永本人は優勝投手にもなりました。この時点で早稲田行きは当然のことだったんですが、吉永が早稲田に行くことが決まったと報道に出たとき、プロのスカウトからこんなことを言われたんです。

「吉永君はプロに行かせないんですか？　実にもったいない」

いやいや、「吉永は思っていたよりも成長していない」って言っていたのはあなたたちでしょうって言いたかったんですが、これぱかりは仕方がないですよね。

前田　プロの評価の受け取り方は難しい。でも、もし吉永君がこの夏、甲子園に出場していなかったらスカウトの人たちは同じことを言っていたかどうか。私は「成長していない」って言われていたんじゃないかと思う。そう考えたら、彼にとっては早稲田に進学したのは正解だったのかもしれないね。

投手ではなく打者でいかせざるを得なかった

小倉　前田先生の教え子で、1989年夏の初優勝に大きく貢献した吉岡（雄二）君はプロに行かせましたよね。

前田　彼は高校に入学した時点で、右ひじが「くの字」に曲がっていたんだ。だからそれを生かす変化球を覚えさせようと思ってスライダーを投げさせていた。シュートとかフォークだと、彼のひじにはよくないと思ったうえでの選択だったんだけれども、高校時代はそれが功を奏した。

　ただ、プロに入るとなると、正直なところ、投手では厳しいと思っていた。甲子園では優勝するまでの5試合で圧倒的なピッチングを見せてはくれていたけど、伊東（昭光）のようには活躍できないと思っていたし、右ひじの状態のことを考えると、投手では寿命が長くないだろうなと危惧していたんだ。だから彼の遠くに飛ばす打力を生かせるよう、プロに進むなら打者で、と考えていた。吉岡本人も、「高校を卒業したらプロでやってみたいです」と言うから、本人の希望通りプロに挑戦させたんだけれどね。

小倉　プロに入る時点で何かしらの故障や爆弾を抱えていると、のちのち大きなハンディになることもあり得ますから、吉岡君の場合は投手では厳しかったと判断するのも正しかったと思います。

前田　結果はドラフト3位で巨人に入った。当時からすでに最もレギュラー争いの厳しいチームではあったんだけれども、そこで吉岡がどうもまれていくのかが楽しみだった。結果的に巨人では活躍できなかったけど、トレードで移籍した近鉄で花開いてよかったと思っていますよ。

小倉　せっかく縁あってプロの世界に入っても、活躍できるかどうかはまた別の話ですよね。その過程で指導者とのよい縁もなければいけませんし、チームとして活躍できるチャンスがあるかどうかも重要になってくる。その意味では、吉岡君は近鉄にトレードされて、活躍できる道が開かれたと言えるかもしれません。

大谷を育てる土壌は東京にはない？

前田　まだまだ他にもお互い教え子でプロの世界に入った選手はいるけれども、こうして振り返ると、いろいろなタイプの選手に巡り合うことができたんだなと思い返されるよね。

小倉　これぱかりは本当に縁だと思いますが、彼らと一緒に過ごした時間は思い出深いものがありますね。

前田　そこで本題に戻るけど、小倉さんから見て、東京から大谷のような選手は今後出てくると思いますか？

小倉　やっぱり自分は難しいと思います。高校時代の大谷選手は、体がまだまだ成長期の段階だった。今でこそ彼は体重が100キロに迫るほど立派な体になっていますが、前田先生が出場したときの2011年夏の甲子園の段階で70キロ台、翌12年春のセンバツでは80キロ台でした。

だからこそ花巻東の佐々木洋監督が、成長過程だった彼の体の状態をよく見ながら試合での起用法を考えていたと思うんですが、どんなに潜在能力が高くても、まだ十分に体ができていない、故障する可能性も高いとなれば試合で使いづらい、となれば、即戦力として使える投手を起用するケースが多くならざるを得ない。つまり、大谷のような選手を、試合で使いながら育てるだけの土壌が東京にはないんです。

前田　指導者の立場では、判断に迷うところだよね。甲子園に出るには、コントロール、球のキレ、フィールディングと完成度の高い、バランスの取れた投手を起用したくなる。そうでなければエースナンバーを渡すのは難しい。

小倉　大谷は高校野球を終えて進路を決める際、日本のプロ野球ではなくて、すぐに「メジャーに行きたい」と公《おおやけ》にも発言していた。普通ならば、日本のプロ野球でも成功するかどうかわからないから、まずは日本で実績を積み上げてからメジャーへ……となるところが、彼はそうした過程を吹っ飛ばしてでもアメリカに行きたいと言っていた。結局、ドラフトで日本ハムが1位指名して、プロ選手としてのキャリアは日本からスタートしましたが、高校3

年生の段階でこれだけ精神的にも自立している選手はそうはいないですよ。

前田 まったくだね。普通は日本で実績を積み上げてからメジャーへ、となるだろうけど、彼にはそうした考えは一切なくて、「メジャーでやりたい」と言っていた。その夢が実現してからも日々の努力を怠らない。口では簡単に言えるけど、なかなかできることではないですよ。

大谷は育てたのではなく「育った」

小倉 以前、花巻東の佐々木監督に聞いたことがあるんです。「どうやって大谷のような選手を育てたんですか?」と。そうしたら「ああいう選手はそう簡単には出てきませんし、私が育てたというよりも、『育った』というほうが正しいのかもしれません」と言うんです。それだけに、あらためて彼のすごさを知った思いがしました。

前田 そう考えると、東京に限らず全国レベルでも大谷クラスの選手が出てくることは、今後もそうはあり得ないと考えるべきなんじゃないのかな。

小倉 三高にも大谷までとは言わないにしても、素質に恵まれていて、将来を楽しみにしていた選手がいました。その選手は現在社会人でプレーしていて、まだその力を発揮できてはいません。「高いレベルでもまれてこそ一流になれるんだ」という考え方もあるかもしれませんが、私は高いレベルに入っても状況によっては埋もれてしまうことだってあり得ると思っているんです。こうした選手は、プレーしやすい環境のほうがいいのかなと考えるときもありますし、あとは指導者との相性というのもあるでしょうね。

前田　それは大きいかもしれないな。チームが甲子園出場を目指していくなかで、どういうプランを持ってその選手を育成していくのか。高い潜在能力を持った選手を育成していくにあたって、甲子園出場と両立させていくことはなかなか難しいことではあるけれども、東京の学校の監督が大谷クラスの選手を育成するならば、まずは素材からじっくり見ていくことから始めないといけないですね。

小倉　自分もそう思います。その場合はひょっとしたら、前の章（P・175〜）でもお話しした通り、野球以外の競技をしている中学生を引っ張ってきて育てるほうが、未来の可能性が広がっていくのかもしれませんね。

前田　東京からは大谷クラスとはいかないまでも、鈴木誠也のように下町出身で世界に羽ばたいた選手もいる。これだって素晴らしいことなんだ。今後は鈴木クラスの選手が東京から出てくることにも期待してみたいですね。

第8章

高校野球の「今」と「未来」について考える

変わっていくこと、守らなければならないこと

令和の時代とともに高校野球にはさまざまなことが起きた。新型コロナウイルスの蔓延による甲子園大会の中止、以降は選手の健康管理をしながらの練習の日々……。ようやくこれまでの高校野球が取り戻せたかのように見える。時代に応じて変えていかなくてはならないこと、守っていかなければならないこと。二人に「今」と「未来」を語ってもらった。

夏の暑さは以前とはまったく違う

前田　今年（2023年）の春のセンバツを見ていて感じたのは、「本来の高校野球が戻りつつある」ということだった。20年2月以降、新型コロナウイルスの感染拡大に右往左往していた私たちにしてみれば、それもひと段落ついたかのような印象がある。

一方で今、高校野球は過渡期に入っている。改革が必要なところもあれば、そのままでいいこともある。考えなくてはいけないのは、暑さ対策もその一つだと思っている。

小倉 以前に比べたら、明らかに暑さの質が変わりました。とにかく今のほうが暑いんです。甲子園でも日本高野連が熱中症対策をいろいろ施してくれていますが、私は普段の練習から指導者の管理が必要だと思っています。

前田 本当にそうだね。今、十条にある帝京のグラウンドは人工芝なんだけど、夏にここで練習をすると、アップシューズが摩擦で溶けてしまうことがあるんだ。グラウンドができた当初はそこまで想定していなかったけど、実際の暑さを考えると、給水は欠かせないし、一つの練習が終わったら、すぐに次の練習に入るのではなく、少し休憩をとってから入るというように、指導者が選手の健康管理に気を配る時間をとることで、ずいぶん変わってくると思うんだ。

7月下旬ともなれば30℃以上は当たり前、35℃以上の日が続くとなると、どうしたって健康管理を怠るわけにはいかない。厳しい練習をするということと、選手の体を守るためにコンディションを見ていくのは、同時並行で行わなくてはならない。これからの指導者はそうしたことも当たり前になってくる。

小倉 そうなると、一方では、「甲子園は時期をずらして開催すべきじゃないか」という議論が湧き起こってきます。「夏の一番暑い8月に開催しなくても、涼しくなる秋に開催すればいい」というのがその理由ですが、私はコンディション管理をしっかりすれば、まだ夏の甲子園開催は可能だと思っているんです。

前田　たとえば3回戦、準々決勝、準決勝と勝ち進むと休養日を設けているよね。これは昔では考えられないことだった。今から30年以上前なら3回戦から決勝まで4連戦ということもあったわけだし、休養日を設けるというのは、高野連の英断だと思っているんですよ。

小倉　ただ、一つだけ言わせてもらうと、この休養日はプラスもあればマイナスになる一面もあるんです。プラスになるのは投手が休めることで体力が回復する。これは誰しもが考えられるようなことですよね。

打者にはマイナスに影響することもあるんです。01年夏の甲子園で三高は決勝まで進んだんですが、準決勝で横浜に7対6で勝った。翌日に本来であれば決勝戦が行われる……はずだったんですが、翌日は雨で近江（滋賀）との決勝が1日順延になったんです。そうしたら打者連中が、「バットが重く感じます」と言ってきた。1日休むことで感覚が変わったんでしょう。このときは「準決勝の翌日に決勝をやらせてあげたかったな」という思いもありましたね。

前田　翌日の試合に勝ったとは言え、そんなことがあったんですね。たしかに1日の休みで打者の感覚が変わってくるということはあるのかもしれない。

小倉 休むことで得られるもの、失うものは間違いなく出てきます。打者の感覚を鈍らせないようにするためには、練習で補うしかない。そうなると「何のための休養日なんだ？」ということになりかねません。その点については、日本高野連が甲子園でベスト4以上に進んだ学校からヒアリングをして、今後のルールづくりの参考にしていってほしいですね。

「練習中に水を飲むな」は、今は絶対にダメ

前田 選手のコンディションを考えた水分補給は大切になってくる。私や小倉さんが選手だった時代は、「練習中は水を飲むな」と言われてきたけど、今そんなことをやったら脱水症状はもちろんのこと、最悪のケースとして命を落としかねない。「昔の常識、今は非常識」なことは、これからはどんどん排除していくべきだと思うね。

小倉 私は夏の試合中の給水タイムについては賛成しているんです。18年夏の甲子園の1回戦で、三高が折尾愛真と対戦したとき、こんなことがあったんです。7回裏の攻撃終了時点で給水タイムをとったんです。このとき「春夏通じて甲子園史上初めて試合中の給水タイムが設けられた」と言われましたが、実はその前の段階で主審が熱中症になっていたことに気

づいたんですよ。

初めは、試合の序盤に捕手のうしろで球審の頭が揺れているような感じがしていたんです。後半に入ると、明らかに体がフラフラしているのが、一塁側のベンチからもよくわかった。そこで私が一塁の塁審に「球審がふらついていますよ！　大丈夫ですか？」と大声を出して伝えて、そのあとすぐに「球審が危ない」ということになって、急遽給水タイムを設けたんです。うちの選手たちにも水分補給をするように指示を出しましたが、私は球審の体調を心配していました。

前田　審判もたいへんだよね。選手は守備からベンチに戻ってきたら給水できるけど、審判は試合が始まるとわずかな時間しかないわけだから、試合前からコンディションを整えてないといけない。今年の夏の甲子園は5回終了後に10分のクーリングタイムが設けられるけど、今後は臨機応変に対応が求められるね。

小倉　給水の時間が限られていますし、試合中におそれとトイレに行くわけにもいかない。夏の暑さ対策は選手だけでなく、グラウンドにいる全員が行わなければいけないでしょう。

前田　私も07年の夏に準々決勝で佐賀北と対戦したときに、延長戦になったんだけれども、12回裏の佐賀北の攻撃を終えて、うちの選手が戻ってきたときの顔を見たら、みんな無言で疲れ切っていたんだ。次の回の攻撃で、ベンチから打席に向かう選手に対して必死で声をかけたんだけれども、「この暑さで、みんなきついんだろう」というのが見て感じ取れた。結局、その裏に佐賀北に1点取られてサヨナラ負けを食らってしまったんだけどね。

小倉　あのときの帝京は11時から始まる第1試合で、暑い時間帯での試合でした。当時に比べて、今はさらに暑くなっていますからね。選手のコンディション管理はいっそう気をつけなければならない時代です。

一方であまり語られていませんが、甲子園のベンチのなかはエアコンが入っているし、スポーツドリンクや水などの水分補給用のペットボトルも支給されていて、昔に比べて格段によくはなっているんです。矛盾した話になってしまうかもしれませんが、暑さ対策を万全にやっておけば、夏の暑さと向き合いながら甲子園で試合を行うことはできるんじゃないのかなと、自分なんかは考えているんですけどね。

「体調不良＝練習を休む」が当たり前の時代

前田　20年に世界中で大騒ぎとなった新型コロナの影響から、ここ数年は選手の体調が少しでも悪いと、「今日は休みなさい」と指導するようになった。今年の5月からコロナがインフルエンザなどと同じ5類に分類されて、一時期のように過敏に気を配る必要はなくなってきたけど、これから先も選手のコンディションを考えた指導というのは欠かせないものになってくるはずだと思いますよ。

小倉　以前は体調が優れなくても、選手のほうから指導者に「今日は体調が悪いんです」と言えない雰囲気があったと思うんです。それは、指導者の配慮のなさが招いたことなんじゃないかと言われてしまえばそれまでなんですが、熱があっても練習に参加することが美徳とされたり、賞賛されたりする時代があった。

たしかにこの3年間は、コロナがあったことで、選手の体調管理に十分配慮していたんですが、私はその前から「体調が悪かったり、ケガをしたりしたら、遠慮せずにすぐ言ってくれ」ということを選手に伝えていました。

前田　その気持ちはわかりますよ。私の学生時代は、風邪をひいて多少の熱が出ていても、「気合を入れて練習をすれば治る」なんて言われてたもんだから、「少々の体調不良なら練習ができるだろう」という考えは、1970年代、80年代にありましたね。

けれどもコロナで大騒ぎになってからは、そんな昔の常識とは180度変えて対応していた。練習前は必ず検温をして、部室に入る際には手をしっかり消毒する、あるいは練習後には手洗い、うがいを徹底させていた。誰がなんと言おうと、命にかかわることだからね。無理に練習に参加させてしまって大事になるくらいなら、しっかり休んで体調が回復すれば練習なんていくらでもできるんだからね。

小倉 その通りだと思います。

前田 それを踏まえて考えていくと、監督の業務というのは以前に比べて増えたというか、質が変わってきたことは間違いないでしょう。

タイブレークについて考えさせられたこと

前田 最近のルール変更の一つとして挙げられているタイブレークについても意見をうかがいたいんですよ。今年の春のセンバツから「延長10回以降はタイブレークにする」というお達しがあって、早速2回戦の「慶應義塾〔神奈川〕×仙台育英」（延長10回2対1で仙台育英の勝ち）、3回戦の「東邦〔愛知〕×報徳学園」（延長10回5対4で報徳学園の勝ち）、準々決勝の「仙台育英×報徳学園」（延長10回5対4で報徳学園の勝ち）と3試合が行われたんだけど、小倉さんはどう見ていたの？

小倉 本当ならば延長10回以降は3イニングぐらいやって、それでも決着がつかなければタイブレークに入るのがベストだと思いますが、時間短縮を謳《うた》うのであれば、10回から入るのも致し方ないかなとは思います。

前田　タイブレークに入ったら、それまでの試合と流れが変わるよね。

小倉　私は「両チームとも同じ打順から始めるべきだ」と考えています。タイブレークは無死一、二塁という場面から始まりますが、一方のチームが下位打線からで、もう一方のチームが上位打線から始まるというのは、どうしたって不公平感が出ますよね。それだったら、両チームとも走者に出るのは1、2番で打席に立つのは3番からとしたって、なんらおかしなことではないと思っています。

前田　そこなんだよね。これまでは先攻のチームが何点取るか、それによって後攻のチームが先攻のチームよりもどう多くの点を奪いにいくのか、が焦点になっていたんだけれども、両チームとも同じ打順で始めれば不公平感がなくていいと思うんだ。

小倉　タイブレークになった時点で、それまでの試合展開がスパッと切られるわけですから、お互いいい打者が打席に立つところから始めるのがベストな気がするんですけどね。

前田　それで得点が奪えずに負けたのなら仕方がないとあきらめもつくだろうし、見ているお客さんだって「どちらのクリーンナップのほうが打つのか」がわかるから、面白いと思うんだけどね。

夏の予選前の練習は、どの時期に力を入れるのか

小倉 よく私は言っているんですが、夏に勝てるチームをつくるには、監督が選手を熱い気持ちにさせないといけないと思うんです。そのためには、まずどの段階できつい練習をしていくかということになるんですけど、前田先生はその点についてどうお考えですか？

前田 夏に向けてだと、私は毎年5月に一番ハードな練習をする。6月は練習試合や実戦に近い練習の時間に充てて、7月は完全に調整だよね。たまに「7月上旬まで選手を鍛え上げています」という若い監督さんがいるけれども、大会前は疲れをとってコンディションを万全に整えたほうがいい結果を生む、というのが私の経験から出した答えかな。

小倉 私は夏の予選前は1週間単位で練習メニューを考えていました。火曜日と水曜日に守備の練習をとことんやったら、木曜日と金曜日は打撃に多くの時間を割いて、土曜日、日曜日は練習試合。月曜日は軽めの調整をする、というように、1週間単位でメリハリをつけている感じですね。

前田 昔、日大一が強かったときに、どんな調整をしているのか気になったので、聞いてみたんだ。すると、「7月上旬は長野に行って涼しいところで軽めの調整をしている。そうす

ると選手たちが『体が軽くなった』って喜んでいるんですよ」と言っていた。

小倉　先ほども話しましたが、今はとにかく昔とは暑さの質が違います。その点からも、大会近くまで選手を追い込む練習はリスクとデメリットしかないと思うんですよね。

前田　これは名前を出せないけれども、ある強豪校と6月下旬に練習試合を組んでいたときのこと。監督さんが試合前にあいさつに来てくれて、「今年の選手は追い込んで鍛えていますから、期待しているんですよ」と言っている。

なかなかの好ゲームになるんじゃないかと期待していたら、相手の投手が見るからにバテテで、初回から帝京の打線が連打、連打で一挙に5点を奪った。その後も相手投手が立ち直る気配がなくて、4回までにうちが11点を取って降板したんだ。

相手の攻撃陣はと言えば、振りが鈍くて平凡なゴロとフライばかり。そうして終わってみたら15対0で帝京が勝った。

試合後に相手の監督さんが私のところに再び来て、「いい試合になると思ったんですが、もう一度、鍛え直してきます」と意気込んで言うもんだから、「ちょっと待ってください。これから先も選手を追い込むようだと、予選に入ったら疲労困憊《こんぱい》で何もできずに終わってしまいますよ」と忠告したんだけれども、「いや、そんなことはありません」と反論してきた。だから私は、本気で予選が始まってからのそのチームのことを心配していたんだ。そうしたら結果は初戦であっけなく敗退してしまった。試合経過を見聞きしたところによると、平凡なゴロをエラーしたり、あるいは悪送球をしたり、守りのミスから崩れてしまったというんだ。

小倉　疲れが十分にとれない体でいくら守備をやらせても、集中力が切れるだけで、いいプレーはできませんね。

前田　打撃陣についてもそう。うちと戦ったときに「振りが鈍いな」と思っていたけど、負けた試合も結局1点取るのがやっとだったというんだ。

だから私はこう思った。「選手を鍛えるべき時期を間違えると、夏の予選で勝ち抜くことは絶対にできない」とね。

「俺たちの時代の練習」でどれだけ勝てたのか

小倉　昔はとにかくしごいてしごいて、しごきまくって、というのが当たり前でしたけれど、「それでどこまで勝てたんですか？」という話ですよね。

「俺たちの時代はこういう練習をしていた」と言う人には、「それで甲子園に行けたんですか？甲子園でも勝てましたか？」と言ってやりたいですよ。

前田　小倉さんの言う通り、指導者がどんなに「俺たちの時代の練習」を持ち出しても、今の選手にしてみたら「それが何か？」となってしまうのがオチだしね。

小倉　7月、8月の夏の猛暑を超えた酷暑に対応するには、選手を追い込む練習をする時期を早めに設定して、遅くとも予選の2週間前くらいの段階では、快適な睡眠をとること、栄養のある食事を食べさせることなど、選手のコンディション管理にウエイトを置いてやるくらいでちょうどいいんです。

前田　予選直前まで猛烈にしごかれて、いざ予選が始まったら早々と敗退してしまう。監督と選手にしてみれば、「あんなに一生懸命頑張ったのにどうして報われないんだろう」となるんだろうけど、私に言わせれば「頑張る時期を間違えたから、早々と負けてしまったんだよ」ということに気づいてほしいんだ。

昔は「練習をすれば、勝利と技術がついてくる」と指導者は考えていたでしょう。私たちの高校時代もそうだったし、私自身、監督となってしばらくの間はそうしていた時期もあった。だけどそれでは勝てないことに気がついた。

そこで私は勝てない原因を突き詰めて考えてみた。70年代、80年代前半あたりまではたしかに早実のほうが選手の質は高かった。「それならば量で上回ろう」と必死に練習をするんだけれども、なかなか夏の甲子園出場には届かない。だから6月後半にあえて練習量を落とすことをしてみた。監督にしてみれば、これは勇気のいることなんだ。なにせ「練習をさせていれば安心する自分」と戦っているわけだから。でも練習する時期にメリハリをつけて、6月後半以降は練習量を落としたほうが、選手のモチベーションも上がって、「絶対に甲子園に出場するぞ」という気持ちになってくれた。そうして夏に勝負できるチームをつくることができた。

小倉　私も7月の期末試験が終わると、翌日は選手を自宅に帰してしまいます。「予選を直前に控えて、よくそんなことできますね」と言われたこともありましたが、自分はそれによって選手が英気を養って、「ようし、明日から頑張るぞ」という気になってくれたらそれでいいと思っているんですよ。

「3日休んだら1週間遅れる」という言葉はうそ

前田　昔は「練習を3日休んだら、その遅れを取り戻すのに1週間かかる」なんて言われていたけれども、それをきちんとデータを取って検証した人っているのかな?

小倉　いや、誰もいませんよ（笑）。休む前と3日休んだあとでスイングスピードがどのくらい変わったのか、コントロールがどう変わったのか、ノックした際にミスがどのくらい減ったのか。それを一つひとつ検証して、正確なデータなんて出てくるものではありません。自分からしてみれば、「練習をやらせたいがための、指導者側の理屈」なだけのような気がするんです。

前田　まったく同感だね。監督からそれを聞いた上級生が下級生に言い聞かせて、下級生が上級生となったときに、また下級生に言い聞かせる……まさに悪しき慣例となっているけれども、令和になった今は完全に断ち切らないといけない話だよね。

取手二、常総学院（ともに茨城）で指揮を執られた木内幸男さん（2020年11月死去）から、「選手に3日休みを与えたら生き返ったぞ。君も試してみたらどうだ」と言われたことがあったけど、これなどまさに「休むことも練習の一つ」だと言えるんじゃないのかな。

小倉　木内さんは母校の土浦第一（茨城）、取手二で指導されていたときに、いろいろな経験をされている。1980年代、休みを与えることのメリットに気づいたというのは、ものすごい発見だったと思うんです。

前田　私は芝草（宇宙）の代のときに、木内さんと似たようなことをやらせたことがあるんですよ。夏の東東京予選の直前に埼玉の熊谷市内のグラウンドで練習をしていたんだけど、レギュラーの選手たちには打撃練習を1時間くらいやらせて、あとは控えの選手だけで練習をした。肝心の芝草たちレギュラー陣は、練習らしい練習はそこで終わり。「あとは日光浴でもしていなさい」と言って休ませた。

そうして、いざ神宮球場に乗り込むと、「うわ、帝京だ」「強そうだな」という声が聞こえてきた。まっ黒に日焼けしているから、周りは勝手に「強そうだ」と思ってくれたんだ。

小倉　たしかに「日焼けしている＝練習してきた」とは考えても、「日焼けしている＝ただ日光浴していただけ」とは思わないでしょうね（笑）。

予選前に必ず練習試合を組んでいた学校とは？

小倉　前田先生はチームの現在地を知るためにも、夏の予選前に必ず練習試合を行っていた学校はありましたか？

前田　私は木内さんがいた頃の常総学院だね。あれは6月下旬だったんだけど、うちの選手を相当追い込んで練習試合に行ったんだ。「今の時期はチーム全体の力が低迷している」とあらかじめ把握していたから、練習試合は苦戦すると思っていた。

結果は予想通り、帝京の大敗だった。常総には10点以上取られて、得点もわずかに1点のみ。文字通りこてんぱんにやられたんだ。

試合が終わってから木内さんのところにあいさつに行くと、「前田さん、いい出来じゃないか。今年は甲子園に行けるぞ」と言ってくれた。理由を聞くと、「選手の顔つきや目つきがよくて、一つひとつのプレーに機敏さがあっていい」と言うんだ。

「今日は残念な結果に終わったけど、予選が始まったら選手の調子が上がってくるだろう。そのときは間違いなくいいチームになっていると思う」とまで言ってくれた。すると木内さんの言った通り、その年の夏は甲子園に出場することができた。

反対にチームがよくないときは、「前田さん、今年はダメだな」とひと言だけ。それも当たっちゃったから困ったんだけどね（笑）。だから、常総と練習試合をやって木内さんと意見交換することで、チームの調子を測っていましたね。

小倉　木内先生は独自の視点でよく見ていらっしゃいますよね。

前田　木内さんは常総の監督を退任された2011年以降も、帝京が常総のグラウンドで練習試合をやるときには必ず見に来てくれた。そこで評価を聞くのも、私の楽しみの一つだった。それだけに亡くなられたと聞いたときには寂しくなったね。

小倉　木内先生が退任された年に練習試合をやったんですが、6月の最終の日曜日で、木内先生にとって最後の練習試合だったとあとからお聞きしました。

前田　そうか、日大三が木内さんの最後の相手だったのか……。

小倉　木内さんとは1987年春の関東大会の準決勝で対戦（6対5で関東一の勝ち）して、

練習試合でも何度も相手をしていただいた。うちの攻撃でチャンスの場面を迎えたとき、無死一、二塁でカウント2ボール1ストライクという場面で、突然木内さんは投手を代えた。また、うちが守備でピンチの場面のとき、2ストライクと追い込まれた打者に代打を送ることもあった。「どうしてこの場面でこの選手を出すんだろう？」と不思議に思っていたんですが、あとから考えると木内さんなりにいろいろ試していたということに気づいたんです。

前田　木内さんはそういうところがあった。私も大いに勉強させていただきましたよ。

今の高校野球で二人が評価している監督とは

小倉　これまでに対戦したり、試合を見たりして、いい采配をするなと、評価している若い監督、指導者はいますか？

前田　私はかつて東海大相模を率いた門馬（敬治）監督だね。彼は野球のことをよく勉強している。練習試合で自ら出したサインについて、試合が終わってから私のところに意見を聞きに来るんだ。

私なりの意見を彼に伝えるんだけれども、彼は熱心に聞いていた。それが一度や二度ではなく、しょっちゅう聞きに来ていた。そうした熱心さが評価されて、相模の監督を退任されたあとに創志学園（岡山）から声がかかったんだろうね。
小倉　全国一の激戦区と言われる神奈川を制して、甲子園でも春3回、夏1回の全国制覇の実績がある。彼ほどの考えの持ち主なら、どこに行っても通用しますよ。
前田　小倉さんは誰を評価しているの？
小倉　私は山梨学院（山梨）の吉田（洸二《こうじ》）監督ですね。彼とは長崎の清峰の監督時代からの付き合いなんですが、自分とは真逆の考え方をしているところがあるんです。たとえば自分なんかは「夏は選手を熱い気持ちにさせなければ勝てない」と言っているんですが、吉田監督は、「いや小倉さん。お言葉を返すようですが、選手の気持ちを熱くすることなんて僕にはできませんよ」と否定する。そうかと思えば、近くの高校に打撃を教えるのがうまい指導者がいると聞いたら、そこに行って質問をするということも平然とやるんです。
前田　今年のセンバツで山梨学院は初優勝したけれども、能力の高い選手たちに加えて、立派な設備、雄大な自然に囲まれた環境が揃っている。それに加えて吉田監督の指導法が今の選手たちに合っているから勝てたという面もあるんだろうね。
小倉　彼は清峰時代の2006年、春のセンバツで初めて決勝進出したんですが、そこで横浜に21対0という屈辱的な大敗を味わった。それから3年後の09年のセンバツで今村猛（広島・09年ドラフト1位）を擁して、菊池雄星（西武・同年同1位。現・トロント・ブルージエイズ）のいた花巻東を破って初の全国制覇を成し遂げた。彼にとっては今回が2度目の全国制覇ですが、気負うことなく自然体で采配を振るっていた姿が印象的でした。

あらためて「ペッパーミル騒動」について考える

前田　今年のセンバツでは、WBCでたいへん流行したパフォーマンスを高校球児も試合中に行ったとされる「ペッパーミル騒動」があった。

（1回表の攻撃、先頭打者が敵失で出塁すると、一塁上でベンチに向かって「ペッパーミルパフォーマンス」をした。直後、一塁塁審から注意を受けたことで、日本高野連が「不要なパフォーマンスは慎んでほしい」とコメントした）

これについて、小倉さんはどう感じましたか？

小倉　自分も否定しますね。「甲子園で野球を楽しみたい」という気持ちもわからなくはないんですが、このときはエラーで出塁したわけですし、次の塁を狙えないかどうか、ボールは誰が持っているかを確認するなど、塁上でやらなければいけないことは他にもある。少なくともパフォーマンスをしている余裕などないと思います。

前田　私も同感だな。高校野球は、学生野球の清らかさがなくてはいけない。この学校のキャプテンは「決して相手を侮辱した行為ではない」と言っていたけれども、それはあくまでも自分たちの主張であって、相手はどう感じているかはわからない。必要のないパフォーマンスで相手を挑発してしまい、怒りのパワーが実力以上の力を引き出すことだってあり得る。だからこうした行為は適切ではないと、私は考えているんだ。

小倉　それが一番怖いんですよね。前にも話しましたが（P・136〜）、01年の夏の西東京予選直前に、選手たちが「全国制覇」と書いたTシャツを着て球場に行こうとしていたのを止めましたが、今振り返っても自分の判断は間違っていなかったと思っています。

前田　プロなら、多少のエンターテインメント性があっても構わないかもしれないが、高校野球はそうしたものは求められていない。日本高野連があのようなコメントを発表するのは適切だし、むしろ指導者から選手に対して「ペッパーミルパフォーマンスを試合中に行うことで、どういったことが考えられるか」について指導すべきだと思うんだけどね。

小倉　高校野球が教育の一環である以上、相手に対する礼儀であったり、グラウンド上での振る舞いを指導したりするのが監督の務めであるべきですし、同じ高校生が試合をする以上、何が起こるかわからないので、自分なら選手たちに「必要のないパフォーマンスはするな」と教えますね。

鉄拳制裁はダメだが、「叱る」ことは怠ってはいけない

前田　指導の話が出てきたけれども、指導者も昔のようなやり方は絶対に許されない。一例を挙げれば鉄拳制裁。昔は「愛のムチ」と呼んでいたけど、今はこれをやったら100%、現場から退場しなければならない。

小倉　指導者が「時代の空気」を読まないといけないんです。「昔は許されたけど今はダメ」、これは高校野球に限らず、すべてのスポーツの現場に言えることですよね。

前田　昨年、今年と、たて続けにいくつかの学校の指導者による暴力や暴言の問題で退任ということがあった。今の選手たちの気質に合った指導をしていかないと、監督としてやっていけないということになる。

小倉　今から11年前（12年）に、大阪の桜宮のバスケット部で起きた当時のキャプテンが体罰を理由に自死してしまった事件から、「行きすぎた指導とは何か」について考えるようになりました。指導者の暴力や暴言で、選手が自ら命を絶ってしまう。骨折やねんざなどのケガをしても、そのとき治療すればいずれは治りますが、一度命をなくしてしまったら、二度と元には戻らないんです。それを考えたら「人間を死にまで追い詰めてしまう鉄拳制裁や暴

言などの体罰はもってのほか」という結論にいたりました。

前田　小倉さんの言うように指導者が一番、時代の流れを読んで変わっていかないといけない。自分で厳格なルールを決めて指導にあたること。これは年齢が若いとか、指導歴とは一切関係ないんです。

小倉　自分が選手時代に受けた仕打ちや嫌なことを、目の前にいる選手たちにするということは絶対にあってはならない。それも指導のうちだという監督なら、さっさと退場していただくしかないと思うんです。

前田　一方で、これは難しいんだけれども、「叱る」という行為は必要なんです。選手たちが悪いことをした、あるいは野球部で決められているルールを破った、などというときには、監督が選手をきちんと叱ること。これをやめてはいけないんだ。

小倉　自分はよく「のびのびと野放しは違うんだ」と選手たちに言い聞かせてきたんですが、彼らはまだ高校生、大人になりきれていない子どもです。自分たちでよかれと思ってやったことが、周りの人たちに迷惑をかけることだってあるかもしれない。そんなときは監督が「それは違う」「これをやってはダメだ」とはっきり言わないと、彼らがのちに社会人になってから痛い目を見るんです。ですから、叱ることは指導であり、教育なんです。

前田　それは大事なことですよ。今の選手たちのほとんどは、親から叱られずに育ってきているから、物事の良し悪しの分別があいまいなことも意外とある。それだけに鉄拳制裁はよくないけれども、叱ることについては、この先も選手たちと一線を引いて指導者はやっていくべきことだと思うね。

小倉　叱ったときに選手たちからどう思われようと構わないんです。「叱って嫌われたらどうしよう」ではなく、「ここで叱らなかったら、この子たちは後々恥をかくことになる」と思えば、叱ることへの抵抗はなくなるはずです。

「指導」という名の暴力は伝統ではない

前田　それと上級生が下級生をしごくというのも、ダメだということを認識させないといけないね。どんなにかつて隆盛を誇っていた野球名門校であったとしても、先輩によるいじめで野球部そのものが休止状態になってしまった。こうなると悲劇でもあり、ただただ残念という以外に言葉が出てこない……。

小倉　「指導」という名の暴力は、「伝統」でもなんでもない。今でもこうした野球部は他にも存在しているでしょう。練習試合に行くと、「この学校は上級生のいじめがありそうだな」とわかることがあるんです。

たとえば上級生は座って話しているのに、下級生は無言で立ったまま並ばされているとか、ユニフォームの生地が上級生と下級生で違っているとか、帽子のひさしの部分を上級生は潰しているのに対して下級生はまっすぐのままだとか……というように、ちょっとしたことで気づくことができることがあるんです。

前田　いわゆる野球名門校と言われているところでも、そうした負の伝統というのは残っているところはある。上級生から下級生に対する理不尽なしごき、それに加えてラフプレーを是とするような信じられない学校もある。

小倉　これはある名門校との練習試合で実際にあったことなんですが、こちらの守備のときにランナーが強烈なスライディングをしてきた。その学校からの招待試合だったにもかかわらず、とんでもないプレーだったんです。

試合の途中、スパイクされたうちの選手が出塁したとき、守っていたスライディングしてきた選手が「すみませんでした……。監督がどうしてもやれと言うので、やめられなかったんです」と謝ってきたんです。それを聞いて、「そんな監督が好きなのか？」とうちの選手が聞いたら、「好きな部員なんて一人もいない……」と返してきたと言うんです。

前田　上級生、下級生の関係もそうだし、今の小倉さんの話もそうなんだけど、結局は現場の指導者が「どういう野球部にしていきたいのか」ってことに尽きるんだよね。「ただ勝てばいい」というチームは必ずどこかでほころびが出てくるものだし、「自分たちさえよければいい」と思ってやっているチームは、相手に迷惑をかけていることがわかっていない。いずれのチームにも共通しているのは、「そんなチームは勝てない」ということなんだけどね。

小倉 そう思います。自分も三高の監督に就任した直後、グラウンド整備を上級生はまったくやらずにすべて下級生に押しつけていた。一度3年生全員を呼んで、「明日から3年生もグラウンド整備しなさい」と言ったけれども、翌日も変わらなかった。そこで自分はこう叱ったんです。

「俺はお前たちと一緒に甲子園に行きたいのに、上級生と下級生がバラバラでは勝てるはずがないだろう」

そうしたら、翌日からは全員でグラウンド整備をするようになった。そうやって三高にはびこっていた負の伝統を、一つひとつ消していったのを、今でもよく覚えています。

指導者はまず土台をつくってから

小倉 選手の指導にあたっては、「これが正解」という答えがないですよね。

前田 1990年代に入ってから、選手を指導していて「これまでとは何か違うな」という違和感を覚え始めてね。「自主性を重んじた指導」というのがもてはやされて、高校野球もそうした指導をよしとする指導者が現れだした。私も一時は「自主性を重んじるような指導で結果を出せるのか」と疑問を持っていたんだけれども、自分なりにあえてその方法を取り入れてみたんだ。

そうしたら肝心なところで詰めの甘さが出てしまう。自分たちで考えて練習をしているんだけれども、「もうここまでやったから」と自分たちで限界を決めてしまっている。98年の夏は森本稀哲を中心にチームがまとまって甲子園に出場できたんだけれども、粘りがないというか、どこか淡白なところが気になりましたね。

小倉　選手が「ここまでやったんだから……」となってしまったときは、大抵やり残したことがあるんですよね。でも選手たちはそのことに気づかない。選手にしてみれば、「自分たちが自主的に練習に取り組んで頑張ったから、ここまで勝つことができた」と思いたい気持ちもわからなくはありませんが、監督の目から見ると、「お前ら、あれも、これも、それもやっていないじゃないか」とどうしてもあらのほうに目がいってしまう。これは仕方のないことだと思うんですよね。

前田　私自身が考える指導と、選手側に立った自主性を重んじる指導、どうミックスさせたらうまくいくのか。90年代の半ば以降は相当考えさせられたね。

小倉　前田先生が相当考えられてやってきたことですよね。毎年、選手は必ず替わっていくなかで、個々の選手の能力をどう引き出していくのか、チーム力をどう伸ばしていくのか。試行錯誤を繰り返していくなかで、そのときそのときの野球部に合った指導方法というのを必ず見つけていかなければならない。ですから監督は、「今いるメンバーでどんな野球をしていきたいのか。そのためにはどんな練習が必要か」というのを日頃から考え続けていくべきだと思うんです。

前田　繰り返すけど、監督がどんな野球部にしていくべきかという理念は絶対に持っていなくてはならない。途中でチーム成績が芳しくない状況に陥ることがあるかもしれないけれども、そのとき大切なのが逆境にもくじけないだけの信念、言い換えれば「土台」を持っていることなんだ。これからの時代の監督は、ますますそれがあるのか、ないのかが問われていくんだろうね。

OBが現場介入する野球部は衰退する

前田　かつて指導していた監督や野球部のOBが、監督を差し置いて指導するのは控えたほうがいい。周りはよかれと思ってやっているのかもしれないけれども、現場を預かっている人間からすると迷惑極まりないよ。

小倉　おっしゃる通りです。自分も監督を退任してから三高のグラウンドにはほとんど行っていません。三木監督から相談されたらアドバイスすることがあるかもしれませんが、そうでない限りは口出ししようとは一切思っていないんです。

前田　ＯＢが現場のやり方に口出しすると、現場の空気は冷めるんだ。私もいろいろな学校の監督さんと練習試合を通じて知り合ったけど、ＯＢが口うるさく現場に介入するような学校ほど低迷していることに気がついた。

小倉　自分も三高の監督に就任した直後に、「どうして三高は勝てないんだろう」と思って、彼らのフリー打撃を見ていたんです。すると全員が逆方向に打っている。自分は「打ち始めに体を開かないようにするためにそう打っているのかな」と思っていたら、最後まで逆方向にしか打たなかった。

「何かおかしい」と感じて、選手全員を集めて「どうして反対方向ばかり打っているんだ？」って聞いたんです。そうしたら「ＯＢの方々が『反対方向に打つのが三高の野球だ』と言うので、そうしているんです」と。私はその話を聞いて即座に、「三高が弱くなったのは、これが原因なんだな」と悟りました。

前田　相手からすると、空振りしてもいいから思い切りよくスイングしてくるチームのほうが嫌なんだけどな。

小倉　自分もまったく同じ考えなんです。フルスイングして遠くに飛ばされるほうが、間違いなく怖いですから。技を身につけることも大事ですが、それは緊迫した場面で応用的に使えればいい。それよりもフルスイングすることの大切さを説いて、練習させるほうが彼らにとってはよっぽど必要なことなんじゃないかと思ったんです。

前田　何のために金属バットを使っているのか。ボールを遠くに飛ばすためなんだ。その当たり前のことができていない、あるいはOBが理解していない当時の三高は、私にしてみれば残念な状況としか言えないね。

選手たちにフルスイングさせたことの意味

小倉　OBのなかには木製バットを使っていた時代の人もいたんです。一時代前の野球は「もう古い」と言われていた時期だったにもかかわらず、三高はそれをよしとしていたんですね。

このときの自分の答えは明快でした。選手全員に、「空振りしてもいい。打ち上げてもいい。結果はどうなってもいいから、フルスイングして打て」、そう言ったんです。

すると選手たちの目が途端に輝きだした。「本当にいいんですか?」と自分に聞き返す選手もいたんです。「お前らが野球を続けてきたのは、ボールを遠くに飛ばしたいからじゃないのか？」と聞いたら「そうです」と言う。

前田　打撃の原点は、「遠くに飛ばす」ということなんだ。私も帝京に入ってきたばかりの1年生にフリー打撃をやらせるときには必ず「結果を考えなくていいから、思い切り振ってみなさい」と言うんだ。それで外野のどのあたりまで飛ばせる能力があるのかを測る。あまり飛ばさない選手であっても、「ようしここからスタートだ。3年生になるまでに体を鍛えてもっと遠くに飛ばせるようになれ」と言って練習に取り組ませる。帝京は「強打の帝京」と呼ばれるようになったけれども、その背景には、1年生のときから思い切り振らせていたというのもあるんだよ。

ただ、小倉さんのやり方はOBからしたら唐突に感じたんじゃない？　何か異論とか反論とか、口を挟んでこなかったの？

小倉　もちろんありました。自分の打撃指導を見ていたOBがこぞって、「そんなのは三高の野球じゃない」と言い出したんです。けれども自分はこのやり方で関東一を強打のチームにしてきたという自負もありましたから、私のやり方を押し通すという信念がありました。

このとき自分がありがたかったのは、当時野球部のOB会長を務められていた倍賞（明）さんが、「小倉君に任せたんだから、黙って見守っていいようじゃないか」と言ってくれたことでした。自分に対して批判的な意見が、倍賞さんのひと言で途端にやんだんです。あれは本当にありがたかったなと、今でも心底思いますね。

古豪と言われる学校が甲子園に出場できない理由

前田 昭和の時代に強かった学校ほどOBの力が強いというけれども、OBの発言権が強ければ強いほど、現場の指導者や選手が委縮してしまうものなんだ。本来であれば、「後輩たちのやり方があるから」と見守ってあげるのが一番なんだろうけど、自分たちと違うやり方をしているからという理由で、あれこれ注文をつけようとするのもまたOBの悪い部分でもあるんだ。

小倉 OBがでしゃばることで、どれだけ現場が委縮してしまうのか、考えたことがないから出てくるんでしょうね。

前田 私は古豪と言われている学校がなぜ甲子園に出られないのか、考えてみたことがある。たしかに昔に比べていい選手が集まらなくなってきている、あるいは練習時間が昔ほど割けないといった理由があるかもしれない。

しかし、OBたちの「自分たちの時代は……」という押しつけや、かつての栄光、伝統と言いながら、そんないろいろな古い考えが邪魔をしている部分が大きいと思うんだ。野球の技術は日進月歩とまでとは言わないが、10年前、5年前と比べても進化している部分は結構多くある。そのことをわかっていない大人が、チームの成長を止めてしまっているんだろう。

小倉　間違いなくそれはありますね。私はすべてを無視したわけではないですが、三高の選手には肉体改造が必要だと考えて、着手しました。監督に就任した直後に関東一と練習試合をしたんですが、外野にガンガン大きな打球を飛ばす関東一の選手に比べて、三高の選手は野手の間を抜ける当たりばかり。その理由は、上半身の貧弱さにあったんです。ウエイトトレーニングにも力を入れて、上半身を大きくしていけば、三高の選手も打球の質が変わってくる。そう考えていたんです。

前田　そうして99年の春夏の甲子園出場につながっていったわけだ。就任からわずか2年で甲子園に連れていくというのは、小倉さんの手腕もあったことは間違いないけど、高いレベルの能力を持った選手たちも多かったってことでしょうね。

選手の伸びしろはここで判断する

小倉　新入部員をむかえるときに、とくに打者、遠くに飛ばす能力を持っている中学生にシャツを脱いで上半身を見せてもらうんです。そこで胸のあたりにまだ筋肉がしっかりついていない生徒は楽しみなんですね。まだ体ができていないにもかかわらず、遠くに飛ばせる能力があるということは、この先さらに伸びしろがあるという証拠です。

前田　中学生の段階で完成している選手よりも、伸びしろがありそうな未完成の選手を指導するほうが楽しい。そうして育てた選手が甲子園で活躍する……考えただけでワクワクするよね。

小倉　そういう意味では、自分はこれまで指導してきた選手たちに恵まれていたんだと思います。結果が出たときも、もちろんそうでなかったときもありましたが、先ほど前田先生がおっしゃっていたように、自分なりの指導方針、つまり「土台」はできていたんだなと自信を持って、そう思うことができます。だからこそ、後悔することなく、毎年「教えきった」という思いが強くありますね。

前田　私も小倉さん同様に、欲を出したらキリがないけど、やり残したことはないと言い切れる。これまで帝京高校野球部の甲子園出場の歴史は私がつくり上げてきたけれども、後任の金田（優哉）監督には、また新たに帝京高校野球部の歴史を積み上げていってほしい。そう期待しているんです。

これからも高校野球の現場に携わっていく

前田　私も小倉さんも監督としての現場は退いてしまったけれども、高校野球については何らかの形で関わりを持ち続けていきたいと思っている。たとえばテレビの解説でもいいし、新聞の評論でもいい。どんな形であれ、私たちも言葉の発信を行っていきたいね。

小倉　自分もいざ現場を離れてみると、「なんとか務めを終えたな」という気持ちと、「高校野球には何らかの形で関わっていけたらいいな」という気持ちの両方がありますね。ただし、三高に行って現場で口出しするようなことは一切しません。現場については、後任の三木監督に任せていますし、彼は自分と26年間、一緒に三高の野球をつくり上げてきました。

　自分が三高の監督に就任する前は、「洗練された野球」と呼ばれていましたが、自分が三高に来てからは「強打の日大三」と言われるようになった。三木監督はどんな野球を見せてくれるのか。遠くから見守っていきたいと思っているんです。

前田　今、高校野球の指導に携わっている人たち、将来、高校野球の指導に携わっていきたいと考えている人たちは、まずは高校野球の歴史を勉強していただきたい。先達はどういった歴史をつくってきて、今はどんな状況で高校野球が行われているのか。それについて知っしてもらってから現場での指導に勤《いそ》しんでもらいたい。そのなかで「甲子園出場」を毎年目指して真剣に野球に取り組んでもらいたい。そういう気持ちはありますね。

小倉　選手は指導者のことをよく見ている。指導者が思っている以上に、いい振る舞いも悪い振る舞いもすべて見ているんです。ですから指導者は選手の「鑑《かがみ》」でなくてはならない。そのためには日頃から選手の模範となる振る舞いをして、選手が間違ったことをしていたらそれを正していく存在でなければいけないんです。

ときには先ほどお話しした「叱る」ことも必要な場面があるはずですが、一方で温かみのある指導というのも行っていかなくてはならない。それがなければ選手は絶対について来ないですし、選手たちと一緒に甲子園を目指していくなかで熱くできる雰囲気をつくっていってもらいたいと思います。

おわりに

２０２３年2月9日、日本大学第三高校硬式野球部の合宿所の食堂で選手全員を集めて、私はこう言った。

「俺は3月で監督を退任する。最後の最後まで熱くいくぞ。みんなでいい顔をして、いい目をして練習をやろう」

選手へのノックが思うように打てなくなっていた。ベンチ裏からマイクで指示する指導方法もあるが、私には向いていないと思った末の決断だったが、後悔はまったくない。むしろやり切ったという思いのほうが強い。これが私の今の偽らざる心境である。

思えば、私の指導者としてのキャリアは順風満帆ではなかった。甲子園に出場した年にコーチを解任され、関東一時代も１９８７年春のセンバツで準優勝を遂げながら、翌年夏の大会後に監督を解任された。自暴自棄になりかけたとき、日大三ＯＢの根本陸夫さんから、

「野球から離れたお前を見て、『いい教育者だ』と評価されたら、また野球部の監督として戻ってこられる。それまで教員の職務を全うするんだ」

そうアドバイスをいただいたことがありがたかった。そうして関東一で再び監督としてユ

ニフォームを着る機会を得て、母校の監督に就任してから26年が過ぎ、今日にいたった。

挫折を経験した私から、多くの指導者、さらには高校球児にこんな言葉を贈りたい。

「焦らず、腐らずに毎日一生懸命頑張っていれば、必ず誰かがどこかで見ていてくれる」

そうしたことがきっかけで、道は開かれる。私はそのことを長い監督生活で経験し、学び取ることができた。このことは私のこれからの人生においてもかけがえのない財産となり続けることは間違いないだろう。

今回、帝京高校名誉監督の前田三夫さんとお話をさせていただいて、あらためて勝負に対する考えや選手育成の難しさをうかがい知ることができた。前田さんの考えに同意するものもあれば異なるものもあったが、すべては「選手たちとともに甲子園を目指し、その素晴らしさと喜びを分かち合いたい」という一心であることに変わりはない。

最後に、私の監督生活を支えてくれた家族、関係者のみなさま、そしてともに戦ったすべての選手たちに感謝を申し上げたい。

日本大学第三高等学校　硬式野球部　前監督　小倉全由

［参考文献］
『選抜高等学校野球選手権大会90年史』
（2019年・毎日新聞社、日本高等学校野球連盟）
『全国高等学校野球選手権大会100回史』
（2019年・朝日新聞出版）
『「一生懸命」の教え方 日大三高・小倉流「人を伸ばす」シンプルなルール』
小倉全由（2021年・日本実業出版社）
『いいところをどんどん伸ばす 帝京高校・前田流「伸びしろ」の見つけ方・育て方』
前田三夫（2022年・日本実業出版社）

高校野球監督論《こうこうやきゅうかんとくろん》

2023年7月31日　第1刷発行

著　　者　前田三夫《まえだみつお》・小倉全由《おぐらまさよし》
発 行 者　島野浩二
発 行 所　株式会社双葉社
〒162-8540 東京都新宿区東五軒町3番28号
TEL.(03)5261-4818［営業］　(03)5261-4869［編集］
http://www.futabasha.co.jp/
（双葉社の書籍・コミック・ムックが買えます）

印刷・製本　中央精版印刷株式会社

ISBN978-4-575-31813-5 C0076